Manual para la Vigilancia privada Supervisor Básico

Rafael Darío Sosa González

Colección Seguridad Privada
Securityworks
Protección Integral

CONTENIDO

INTRODUCCIÓN

Por medio de este manual se darán conocimientos básicos para Formar a personas profesionales, lideres competentes, capaces de ejecutar con eficiencia los servicios de seguridad privada; y convertirlos en Coordinadores De Seguridad estos se requieren para que puedan controlar la operación de sistemas integrados en seguridad; que identifiquen, evalúen y monitoreen las vulnerabilidades y riesgos de la Empresa. Lideres que logren hacer una evaluación y control de las medidas de seguridad; que neutralicen las pérdidas y administren las posibles emergencias dentro de un programa de crecimiento continuo en que la información puedan administrar, mediante el estudio de las últimas prácticas internacionales de la seguridad privada, aplicadas al contexto legal vigente y a las políticas propias de una organización.

Se desarrollará Competencias alineadas en los tres pilares que fomentan la educación, en la nueva revolución educativa; estos se basan principalmente en el saber, el saber hacer y el saber ser de la persona, teniendo en cuenta las competencias mínimas de ingreso en el proceso educativo. Esto mediante una metodología pedagógica simple la cual permite la inclusión de normas y estudios básicos actualizados que mostraran una estructura en la cual Se puedan Realizar evaluaciones al participante para poder Plantear los criterios de Valoración delos conocimientos adquiridos , se presentara también especial cuidado a aquellas situaciones en las cuales se contempla el grado de dificultad por el cual atraviesa el Coordinador de Seguridad para poder desempeñar de manera oprima y profesional, su función.

1

DEFINICION DE
QUE ES UN COORDINADOR

Es hombre de la seguridad que a su vez lidera otros hombres que hacenlas veces de supervisores y es la persona está encargada de:

Coordinar el trabajo del personal de base o ejecución y que en seguridad privada corresponde a: vigilantes, escoltas, celadores, conserjes, conductores y recepcionistas.

Mediante sus capacidades de liderazgo, hacer que los objetivos de la empresa de vigilancia se cumplan, en cuanto se refieren al trabajo de campo.

Velar por la buena utilización y conservación de los bienes tanto de laempresa usuaria, como de la empresa de vigilancia.

Establecer relaciones con los usuarios, vendiéndoles constantemente laidea de la buena imagen de la empresa.

CLASES DE COORDINADORES:

Esta se define de acuerdo a lo profesional en el área establecida, tales

como:

Seguridad petrolera Seguridad residencialSeguridad bancaria

Seguridad canina

Seguridad Industrial

Seguridad comercial

Seguridad portuaria

Entre otras especializaciones de la seguridad

FUNCIONES GENERALES DEL COORDINADOR

Conocimientos técnicos: en cuanto a que debe poseer las aptitudes y saberdesempeñarse como hombre de base, sumado esto a un grado de instrucción propio para desempeñarse en el cargo

Habilidades intelectuales: con el objeto de ser acertado en las decisiones que continuamente deberá tomar. Estas están constituidas por las siguientesherramientas:

El proceso administrativo:

Planeación

Organización

Programación

Ejecución

Control

Evaluación

El proceso de selección de personal

Entrevistas

Pruebas o exámenes

Vistas domiciliarias

Cuadro de méritos o perfil

Conocimiento del código laboral

Capacitación del personal

Establecer conductas de entrada para el personal ejecutorCorrección de deficiencias mediante instrucción Programación de cursos de actualización y capacitación Traducir lo aprendido a la práctica

Evaluación del desempeño del personal de base

Diligenciamiento de los formularios de evaluación

Incremento de fortalezas

Contrarrestar debilidades

Disciplina del grupo

Motivación para el cumplimiento de funciones

Conocimiento de normas laborales legales y reglamentos de la empresa.

Reglamento interno de trabajo

Reglamento de higiene y seguridad industrial

Habilidades Sociales: Es el desarrollo de destrezas que le permitan alcoordinador ser exitoso en cuanto a:

El trabajo en grupo

Liderazgo

Estilos de dirección

Solución de conflictos

Manejo del tiempo

FUNCIONES ESPECÍFICAS DEL COORDINADOR

El coordinador es la persona que se halla en contacto directo y permanente con el supervisor y los vigilantes. es la persona que conoce y controlala ejecución de los planes de seguridad de cada puesto y es por lo tanto la personaquien mejor está en capacidad de orientar, guiar, corregir y estimular a los hombres puestos bajo su mando y dirección, pero esto sólo lo consigue cuandoél sea un modelo de ejemplo en toda ocasión de tiempo y lugar. solamente asítendrá la autoridad moral que requiere y será respetado y sus órdenes serán cumplidas conscientemente y con toda satisfacción por parte del supervisor y de todos los vigilantes.

La autoridad del COORDINADOR, proviene de tres fuentes:

Legal: Dada por las normas laborales para los cargos de dirección, confianza y manejo, mediante las cuales se convierte en representante del empleador.

Profesional: Dada por los conocimientos que tiene y que lo hacen apto e idóneopara desempeñar el cargo.

Moral: Está dada por la calidad humana, lo cual permite que sea aceptado porel grupo como un líder.

FUNCIONES DE CONTROL POR PARTE DEL COORDINADOR

El control constituye:

Un proceso de revisión crítico y sistemático de las operaciones deseguridad

Basado en un conjunto de normas, métodos y medidas coordinadas

Con el fin de dar la mejor utilización a los recursos humanos y materiales

Propiciando información de toda clase en forma oportuna, adecuada y segura.

Para:

Promover la eficiencia operativa, conceptuando, recomendando, sugiriendo

Aspectos de carácter constructivo para la entidad y de gestión frente a la misión.

Misión y objetivos encomendados, estableciendo siempre la relacióncosto - Beneficio.

El mejoramiento contínuo

Estimular la lealtad hacia la empresa.

El coordinador de seguridad es la espina dorsal de todo el sistema de seguridad privada, por la continua actividad que cumple en el área de operacionesy por el contacto directo y permanente con el usuario y con el personal de vigilantes y escoltas. por lo tanto puede afirmarse que el éxito o el fracaso de una compañía de vigilancia privada dependen de la calidad y la capacidad de gestión del coordinado.

La función del coordinador es de mando y dirección, de influencia sobre las personas estableciendo relaciones armónicas entre los vigilantes, los escoltas, los usuarios y la empresa de seguridad. en ello radica la importancia de su papel.

INFORMES POR INFRACCIONES O FALTAS:

Es importante recalcar que el COORDINADOR solo está pendiente deaportar para que las cosas marchen de la mejor manera posible, y que el supervisor debe basarse en los siguientes puntos para un informe a seguir estospuntos Deben ser:

Imparciales

Limitarse a informar en forma clara y precisa los hechos

No contener comentarios sobre responsabilidad si no se los han pedidoClaros, concisos, precisos y reales

Debe responder a los interrogantes básicos: QUIEN - QUE - COMO -CUANDO - DONDE - POR QUE.

Leído en presencia del vigilante, quien debe firmarlo y anotar sus acuerdosy desacuerdos.

Un testigo de los hechos deberá firmar para posterior aclaración deresponsabilidades.

Entregado en el momento del relevo al Departamento de Operacionescon destino al Departamento de Personal.

SINIESTROS Y CALAMIDADES:

Es supremamente importante que el COORDINADOR debe

tenerconocimientos sobre:

Amenazas de bombas

Explosiones

Incendios

Terremotos

Vendavales Inundaciones

Hurtos y hurtos calificados

En estos casos quien deberá estar al frente direccionando es el supervisor,para poder informar al COORDINADOR que pasos se deben seguir.

Informar de inmediato a la Central de Operaciones

Dirigirse al lugar de los hechos y verificar que no se trate de una treta o engaño para realizar un daño mayor en otro lugar.

Verificado el hecho, darle solución, con sus propios medios o solicitando los apoyos necesarios, informado detalladamente a la Central el alcance y la tendencia de los daños.

Cuando se trate de delitos, se debe cuidar de preservar su escena o lugar de los hechos, para lo cual debe aislar la zona mediante cordones y llamar de inmediato a la Policía Nacional o a la Fiscalía de cada país.

CLASES DE CONTROL

De acuerdo a quien lo realice

Interno. - El que ejecuta cada uno de los COORDINADORES dentro de su área

Externo. - Contratado por la empresa con terceras personas

De acuerdo al momento en que se realice

Previo. - Antes de poner en ejecución la operación, o de firmar contratos

Perceptivo.- Durante la ejecución del contrato

Posterior.- Es el análisis de los resultados

De acuerdo con su naturaleza

Financiero: Establecimiento de la relación costo/beneficio y de la elaboración aritmética de las cuentas, facturas, nóminas, etc.

De Gestión: Es el establecimiento del efecto que tuvo la administración de los recursos y la diligencia que tuvo el COORDINADOR para hacerlo coneficiencia, eficacia y economía.

De información: Cómo utiliza el COORDINADOR la información que le da la empresa, el usuario y los colaboradores, para la solución de conflictos y elmejoramiento del servicio y cómo recolecta y presenta los datos que debe suministrar a la empresa.

PUNTOS CLAVES QUE SE DEBEN RECORDAR:EL CONTROL ES:

FIJAR UN SISTEMA DE INFORMACION: Qué datos críticos se requieren,Cuándo y cómo.

DESARROLLAR ESTANDARES: Fijar que es lo que se quiere, cual es la situación deseada, que porcentaje de cumplimiento se espera.

MEDIR LOS RESULTADOS: Determinar que tanto se cumplió y/o seincumplió.

TOMAR MEDIDAS CORRECTIVAS: reajustar planes, asesorar, replantear.

APROBAR O IMPROBAR: Incrementar fortalezas, neutralizar debilidades.

LA TOMA DE DECISIONES

Es la acción de implementar soluciones rápidas y efectivas en el proceso,debido a la premura del incidente.

ASPECTOS BASICOS EN LA TOMA DE DECISIONES

Los COORDINADORES deben buscar anticiparse a los problemas Es importante saber Buscar causas, buscar alternativas, para tomar la decisión correcta

PROBLEMA: Diferencia entre lo esperado y lo real

DECISIÓN: es la elección entre varias alternativas

CAPACIDAD DE DIRECCIÓN: Es la habilidad que tiene el COORDINADOR para reconocer, seleccionar, definir problemas y solucionarlos.

PROCESO EFECTIVO EN LA TOMA DE DECISIONES

Investigación y definición del problema Recopilación y evaluación de la información Formulación de cursos alternativos de acción

Determinar la relación costo/beneficio de cada una de las alternativas Selección de la mejor alternativa

Implementación, diseño e implantación de la decisiónCreación de medidas de verificación y control.

Proceso de toma de decisiones

A la hora de enfrentar una situación a resolver es importante que el individuo siga ciertos pasos:

<u>Definir el problema.</u> Análisis de la situación que se enfrenta.

Detectar las alternativas posibles. Definición y reconocimiento de las combinaciones de acciones que se pueden tomar.

<u>Prever los resultados</u>. Asociación y detección de las posibles consecuencias de cada una de las alternativas y estudio del contexto en el que se lleva a cabo la decisión.

<u>Optar una alternativa</u>. Elección de alguna de las opciones.

<u>Control.</u> Monitorear los resultados de la opción elegida, se debe ser responsable y tener una actitud participativa en el proceso.

<u>Evaluación</u>. Análisis de las ventajas y desventajas de la decisión tomada, este pasoes fundamental para el aprendizaje y la toma de decisiones futuras.

Tipos de toma de decisiones

El proceso de toma de decisiones se da de manera periódica y constante en la vida de un individuo. Muchas veces responde a conflictos que se presentan de manera diaria y otros son ocasionales; algunos se dan dentro del ámbito privado y otros dentro de empresas.

Según las diferentes características, el proceso de toma de decisiones puede ser:

Racional. Proceso en el que se analizan las posibles alternativas utilizandoel raciocinio en base a fuentes y pruebas comprobables.

Intuitivo. Proceso en el que el individuo toma en cuenta la intuición y la experiencia personal para volcarse hacia alguna de las alternativas.

Personal. Proceso de toma de decisión de un individuo dentro del ámbito privado.

De rutina. Proceso que realiza un individuo o grupo de manera periódica, suelen ser situaciones que no resisten mucho análisis ni tratan sobre temas complejos.

De emergencia. Proceso que un individuo o grupo realiza para tomar una decisión frente a una situación nueva y excepcional.

De grupo. Proceso que se realiza en conjunto entre los miembros de ungrupo en el que prima el consenso y se toma la alternativa que genera más adhesión.

Individual. Proceso que ejecuta una persona de manera autónoma dentro de un contexto como una organización o empresa.

Organizacional. Proceso que realizan uno o varios individuos miembros de una organización para tomar una decisión que repercute en el futuro de la institución

Características de la toma de decisiones

Claridad. Refiere a la importancia de tener en claro el objetivo a alcanzaren el proceso y la situación a resolver.

Impacto. Refiere a las consecuencias que puede traer cada una de las alternativas a elegir. Es importante tener en cuenta que todas las opciones tendránconsecuencias, por lo que se debe elegir la alternativa que genere el impacto más favorable.

Periodicidad. Refiere a la regularidad con la que los individuos o grupos toman decisiones, hay algunas decisiones que son diarias, y otras que se dan cada un cierto período de tiempo que puede ser aleatorio o determinado.

Actores. Refiere a los individuos que forman parte del proceso de tomade decisiones, que pueden ser tomadas de manera individual o grupal según cada caso.

Reversibilidad. Refiere a si se puede o no dar marcha atrás en la elección de una alternativa. Mientras más irreversibles sean las consecuencias de alguna de lasalternativas a elegir, más atención se deberá prestar al proceso de decisión.

LIDERAZGO

Los Coordinadores de Seguridad deben utilizar todos sus recursos paratener en éxito en su labor. El más importante es saber valerse adecuadamente de los colaboradores, mediante técnicas de liderazgo, el cual por definición es CUALQUIER ACTO DE INFLUENCIA SOBRE LAS PERSONAS CON ELFIN DE LOGRAR QUE OBJETIVOS IMPORTANTES PARA LA EMPRESA, SE HAGAN DENTRO DE LA MEJOR

EFICIENCIA,

ECONOMIA Y BIENESTAR. De aquí se desprende entonces que liderazgo es:

Lograr que las cosas se hagan, cuando hay un objetivo que alcanzar y senecesita más de una persona para hacerlo.

Estimular e incitar a las personas y equipos a dar lo mejor de si mismospara lograr metas y propósitos deseados.

Aumentar la participación de los colaboradores en la programación ydiseño de las operaciones.

Supervisar el entrenamiento del personal de base en aspectos de seguridadDesarrollar y mejorar métodos para la reducción de riesgos.

Mejorar el desempeño de los colaboradores en materia de seguridad Elevar el STATUS y aumentar la aceptación de las funciones de seguridad.

Mejorar los métodos de evaluación de desempeño.

QUE ES UN LIDER

Líder es aquella persona que posee estas caracterizticas:Tener vocación de servicio

Tener un ideal acompañado de una causa y unos principiosSer ejemplo vivo para los colaboradores

Ser hombre de acción y emprendedor

Es poder contagiar a los demás de positivismoEs lograr resultados de equipo

Es comprender las cosas mejor que el resto del mundo y ayudar amejorarlas

Es actuar en función del grupo

Es actuar con la gente, para la gente y luego para miEs tener confianza en sí mismo

3. CUANDO SE FACILITA EL LIDERAZGO

Cuando los jefes son aceptados

Cuando la función es clara y comprendida

Cuando los jefes se transforman en líderes y tienen autoridad para mandar

La primera condición se logra cuando EL SUPERVISOR/LIDER:

Es hábil para las relaciones humanas

Tiene capacidad para comprender al personal y no demuestra hostilidad con él

Crea en sus colaboradores el deseo de trabajar en equipo

La segunda condición se logra cuando:

En la empresa hay capacidad de organización

El supervisor tiene capacidades como comunicadorLos objetivos se formulan con claridad

Se comprueba que el personal ha entendido el mensajeSe repite cuando no se ha entendido

La tercera condición

Implica coerción y debe ser cambiada por vender y promover las medidasde seguridad. (Esta venta es de tipo moral).

Esta condición se logra cuando:

Se vence la fijación, el resentimiento y la hostilidad del personal de base No se utiliza el cargo para ventajas propias

Se utiliza la autoridad para:

Premiar lo bueno y desestimular lo malo.

Apoyo de la alta gerencia a los supervisoresDelegadar autoridad en los supervisores

Que el supervisor adquiera conocimientos y el personal lo acepte porqueve una persona mas entrenada que él

Mantener al personal informado.

QUE ESPERAN LAS EMPRESAS DEL SUPERVISOR EN EL AÑO2.008

Que sea una fuerza laboral cambiante Que tenga progreso en sus expectativas

Que tenga mayor preparación intelectual y conocimiento del oficio Que sea un transformador social

Que tenga conocimientos integrales en virtud del principio de la globalización

Que tenga interés por saber más sobre lo que ocurre dentro de la empresa

Que contribuya con sus propias ideas y con sus habilidades para participaren las labores para el cambio.

Que se sienta importante y que sepa que desempeña un valioso papeldentro de la empresa

QUE ES EL LIDERAZGO

El liderazgo se define como una forma de ejercer influencia sobre un grupo determinado en busca del logro de ciertos objetivos.

¿EL LIDER NACE O SE HACE?

Según el autor Jorge Yarce, el líder se hace a través de un proceso continuo de aprendizaje para alcanzar un objetivo definido, haciendo hincapié en la necesidad que tienen las personas de un líder para poder expresar sus necesidadesa través de éste.

Para el autor Homans George, el líder se hace, ya que plantea que la persona no necesita disponer de un conjunto de actitudes y reglas que definan su perfil, sino de un buen método para analizar la situación, en la cual, se va a desenvolver.

De acuerdo a la autora Raquel Buznego, el líder nace, pero para ejercerese liderazgo, debe desarrollar ciertas herramientas que se obtienen con el aprendizaje, siendo el carisma con la que nace el líder.

Independientemente de si el líder nace o se hace, hay que destacar que se suele confundir el concepto de liderazgo con autoridad y poder. Por tanto, definiremos estos últimos a continuación:

AUTORIDAD, facultad de lograr obediencia. Es otorgada.

En un grupo cualquiera, puede haber una persona contando chistes, susanécdotas, hablando de sus viajes, en fin, transformarse en el centro de atracción de todos; entonces, ésto lo transformará en un líder al que no tendrán que obedecer, pero si producto de su carisma, tendrá influencia entre sus semejantesy lo escucharán e incluso lo pueden tomar como un ejemplo a seguir.

Cuando hablamos de autoridad, en cambio, se requiere tener un cargo importante dentro de una empresa, un alto grado jerárquico dentro de la Iglesia, en general, un título formal que le permita a una persona ejercer influencia entre los demás y que éstos deban obedecerle.

PODER, facultad de imponerse ante el resto sin que necesariamente setenga un título o cargo formal y por otra parte, a quien no se tiene la obligación de obedecerle. Sin embargo, la persona que posee poder ejerce influencia, logrando con ello sus objetivos personales o del organismo, al cual, represente. Por ejemplo, si hoy cuento con un trabajo de administrativo en una empresa "X", tengo un nivel socio-económico medio, poseo un carácter más bien introvertido, en definitiva, si soy una persona promedio, no tengo poder, pero si mañana me ganase un gran premio en algún sorteo y ello me significara cambiar de nivel devida, invertir en negocios, viajar, tener contactos, o sea, sobresalir del resto portener más dinero, implicará tener de alguna u otra forma, mayores beneficios ypreferencias de distinta índole, es decir, poder.

De lo anterior, cabe destacar que una persona puede ser líder y tener autoridad a la vez o ser líder y tener poder, en definitiva, se puede dar una mezclaentre dos o tres de éstos.

Por otra parte, teniendo claro los conceptos ya definidos, consideraremos ahora al jefe de una institución como su líder, tomando en cuenta, que de igualforma existe una diferencia entre un jefe (administrador, supervisor o director) y un líder en sí. En consecuencia, veremos los tipos de liderazgo en una jefatura, denominado también, estilos de dirección.

TIPOS DE LIDERAZGO:

AUTORITARIO, donde el jefe es sólo informador, es decir, decide ydemanda.

PERSUASIVO, donde el jefe es vendedor, o sea, vende, convence respecto de sus decisiones.

CONSULTIVO, donde el jefe presenta su decisión o sus ideas y las sujeta a modificación para que el grupo pueda hacer preguntas.

PARTICIPATIVO, donde el jefe da a conocer ciertos problemas, solicita sugerencias y deja que el grupo decida, desde luego, enmarcándose enalgunos parámetros.

Ahora bien, si analizamos el tema del liderazgo en un jefe desde un puntode vista más global, debemos entender que todo administrador o supervisor para que exista, debe haber antes que todo una empresa donde desempeñarse como tal. Por cuya razón definiremos tal concepto.

2

INTRODUCCIÓN A LA SEGURIDAD PRIVADA

Principios de la Seguridad

Simplicidad. En la expedición de planes, normas y procedimientos. Lo complicado crea confusión y genera desorden. Cuando hay confusión no hay entendimiento ni claridad en las funciones y cuando no hay claridad aparece lainseguridad.

Flexibilidad. En la ejecución y desarrollo de los planes y decisiones, lo cual justifica el tener varias alternativas para atender imprevistos.

Unidad de mando. Cuando todo el mundo ordena, cuando todos se erigen en caciques y desaparecen los indios, no se puede adelantar ninguna tarea por sencilla que sea. En toda empresa el mando debe estar claramente establecido.

Claridad de objetivos. El objetivo es la brújula que orienta los esfuerzos.Un objetivo es claro si ha sido entendido y comprendido por todos los miembros de la organización.

Maniobra. Se refiere a contar con una fuerza cierta y disponer de la capacidad para aplicar los medios en el tiempo, modo y lugar que mejor permitan alcanzar el objetivo.

Economía de Fuerza. Es decir dosificar el empleo de los medios paralograr los mejores efectos.

Acción o Reacción Masiva. Indica que tanto en la fase de prevencióncomo en la fase reactiva o remedial se deben emplear todos los medios al alcance para solucionar de una vez por todo el problema.

Ofensiva. La seguridad preventiva es pasiva y ofensiva. La seguridadreactiva o remedial, es activa u ofensiva. La seguridad por principio no debe sobrepasar o ir más allá de la defensa, para lo cual se deben emplear ante todomedios de disuasión, decir, que la amenaza no se realice o que apunte a otro blanco

Alerta Permanente. No hay sustituto alguno para un sistema de alerta permanente. La alerta es una exigencia de la rutina diaria, tiene por objeto generar tiempo y espacio para decidir, actuar y disponer de los medios, fuerzas yrecursos contra la amenaza. Alerta es prevención. Prevención es aislamiento, si hay aviso, no hay sorpresa.

Sorpresa. La alerta y la prevención son los escudos de la sorpresa. Pero la aplicación del principio de la sorpresa en seguridad, significa disponer de una propia capacidad para sorprender a quienes nos quieren hacer mal. Es ponerletrampas al delincuente. Es mantener las cosas importantes en reserva, es proteger debidamente nuestras vulnerabilidades y esperar que el delincuente llegue a aprovecharse de ellas y capturarlo.

PROCEDIMIENTOS DE VIGILANCIA Y SEGURIDAD PRIVADAPROCEDIMIENTOS OPERATIVOS

Tiene como función:

1. **Protección del perímetro e instalaciones** por medio del empleo de muros,mallas, iluminación, garitas, porterías, pernos, obstáculos, alarmas y sensores, todo esto dispuesto, operado y controlado por una fuerza de seguridad entrenaday con un grado de alistamiento que garantice una reacción inmediata y efectiva.

2. **Control de accesos e intrusiones** por medio de la seguridad de las ventanas, las puertas y el control en las recepciones o porterías, sistema de distribución ycontrol de las llaves, empleo

de archivadores o gabinetes, revisión del correo y paquetes, acceso a los parqueaderos, inspecciones de seguridad y puestos de vigilancia.

3. Control de las áreas interiores. Este segmento tiene que ver con la disciplinay el orden en el interior de las instalaciones. Los medios utilizados son:

La señalización interna en aspectos tales como: dirección de las vías, señales restrictivas de pare o parqueo, marcación de los edificios, oficinas, áreas restringidas o prohibidas, horarios internos, áreas de reunión, parqueaderos, vías cerradas, rutas obligatorias y la colocación de avisos indicando el cuidado de los jardines y prado, y cualquier información para el buen funcionamiento de la empresa. El hacer cumplir estas normas es un deber de los superiores y vigilantes y de las patrullas motorizadas o a pie, que además de cumplir sus tareas de vigilancia, asumen también las de control de orden interno.

4. Vigilancia electrónica. El empleo de sistemas electrónicos de vigilancia ha demostrado ser un medio útil y confiable; sin embargo, no ha sido posible eliminarcompletamente el concurso humano en su manejo y control, de allí que la actividad mixta prevalecerá por mucho tiempo.

5. Prevención de hurtos, robos y sustracciones por medio de requisas o registros de personal y paquetes, la investigación antes del empleo, la cercanaobservación durante el trabajo, las investigaciones oportunas, el mantenimiento o la observancia de las mediadas de control vigentes, y la recomendación oportuna y efectiva sobre implantación de nuevos métodos de control.

6. Observación de la ley y el orden. Se debe considerar que la fuerza de seguridad en una empresa es una extensión legal de la policía y, como tal, debe ceñir sus procedimientos a lo estrictamente contemplado en la ley. El código de policías debe ser de conocimiento obligatorio.

7. **Dirección de la fuerza de seguridad.** El jefe de seguridad debe preocuparse por alcanzar un liderazgo basado en la conciencia de la importancia de su funcióny en la práctica de principios y técnicas para dirigir, motivar, entrenar, controlar yapoyar a un grupo de hombres cuya labor, cuidando los bienes y velando por la tranquilidad de quienes trabajan dentro de la empresa, exige una buena dosis deresponsabilidad, sacrificio y abnegación.

8. **Planeamiento para casos de emergencia y desastres**. Incluye medidas preventivas y acciones para afrontar y mitigar los efectos de la emergencia. Para cada caso debe elaborarse un plan y ensayarse periódicamente según la frecuencia o posibilidad de ocurrencia de la amenaza en coordinación directa con el departamento de seguridad en el trabajo.

9. **Prevención de accidentes y seguridad en el trabajo.** Este segmento es de responsabilidad directa del departamento de prevención de accidente y seguridad laboral, pero es necesario velar por el cumplimiento de las normas, el personal de seguridad cumple funciones de control en apoyo de la función de prevención de accidentes y mantenimiento de condiciones seguras en las áreas de trabajo.

PUESTO DEL VIGILANTE

PROCEDIMIENTOS PARA LA ENTREGA Y RECIBO DEL PUESTO

1. **Importancia.** El acto de entregar y recibir un puesto de vigilancia requiere todasu atención.

2. **Anticipación**. Para recibir un puesto en forma completa y

tener tiempo para enterarse de las consignas, revisar la instalación, los elementos y equipos del inventario, se requiere por lo menos de 15 minutos. Este es el tiempo de anticipación con que se debe presentar a recibir el puesto de trabajo.

3. Uniforme. El relevo sólo se efectuará cuando el vigilante entrante se halle completamente uniformado.

4. Arma. Lo primero que se verificará será el arma: estado, funcionamiento, número, munición, funda y permiso respectivo.

5. Inventario. A continuación se recibirá por inventario: botas, capas, impermeables, ponchos, linternas, pilas, relojes de marcación, herramientas, llaves, pitos, libro de consignas y órdenes, libros, carpetas y cuadros de control.

6. Recorrido. El vigilante entrante y el saliente efectuarán un recorrido por lainstalación para verificar el estado de: ventanas, puertas, rejas, chapas, candados, seguros, luces, llaves, llaves de paso, interruptores, extintores.

7. Norma. La norma general dice: *no reciba nada que no haya revisado o comprobado personalmente.* Esto le evitará muchísimos problemas. Hágalo.

8. Firma de la Minuta. El vigilante entrante debe anotar el recibo del puestosegún los datos suministrados por el vigilante saliente. La firma se hace en conjunto.

El vigilante saliente no puede retirarse del puesto sin exigir que el entrantehaya estampado la firma de recibido.

9. Otra empresa. En puestos donde se reciba o entregue el puesto a un vigilante de otra empresa, debe solicitar ser requisado a la entrada y a la salida. Esto se hacepara evitar sospechas cuando se presenten pérdidas o daños.

10. Personal. Cuando se recibe el puesto en horas no laborales y algunas personaspermanecen dentro de la instalación, el entrante debe pedir al saliente la autorización de permanencia de este personal.

11. Informe. Una vez recibido el puesto se procede a llamar a la Central para informar las condiciones en que fue recibido.

12. Abandono. Cuando el vigilante entrante no se presenta se debe informar a la

Central, pero por ningún motivo se dejará el puesto abandonado.

13. Documentación. Nunca entregue el puesto a un vigilante desconocido. Exíjale los documentos de identificación y sus credenciales. Si le quedan dudas llame a la Empresa y pida que le envíen una patrulla.

14. Protección. Durante el relevo no deje desprotegido el puesto. Esto puede ser mortal.

15. Merodeo. Una vez entregado el puesto, el vigilante saliente debe abandonar las instalaciones. No pueden ni deben quedarse merodeando dentro, ni cerca, nipor los alrededores del puesto o de la empresa. Así evita muchos problemas cuando se presenten pérdidas o extravíos.

PROCEDIMIENTOS ESPECIALESANTES DEL ATRACO PROCEDIMIENTO

Conocimiento y reserva del funcionamiento de los equipos y sistemas deseguridad.

Reserva absoluta sobre las medidas de seguridad de las cuales dispone unaentidad.

Asegurarse de manera permanente el buen funcionamiento de los equipos y sistemas de seguridad.

Ubicar en las instalaciones, sitios para la defensa física en caso de asalto.

ACTITUD PREVENTIVA

Detectar puntos neurálgicos y las horas de mayor peligrosidad, pensandosiempre en la forma de prevenir el atraco.

Función: Encausada exclusivamente a la Seguridad.

Informar al jefe de seguridad o al gerente de la sucursal las inquietudes, sugerencias y recomendaciones que considere convenientes.

DURANTE EL ATRACOPROCEDIMIENTO

Si ha previsto lugares que sirvan de defensa ante un presunto asalto, en elmomento del mismo intente llegar a él.

Controle el miedo o temor que produce la sorpresa del asalto bancario,mantenga la calma, piense y actúe con serenidad.

Si identificó alguna debilidad en el delincuente, protegiendo su seguridadpersonal ante todo, intente   aprovecharla para atacarlo.

Si es desarmado por los delincuentes, NO INTENTE SER UN HEROE,realizando acciones o movimientos   imprevistos,   que puede ser decarácter letal, dedíquese exclusivamente a observar los delincuentes.

Un atraco crea situaciones tensas, compor-   tamientos irracionales por parte de los empleados, de los clientes, o de los delincuentes,cualquier imprudencia puede agravar la situación.

Ponga en funcionamiento la ALARMA inmediatamente si puede hacerlo, sin ningún riesgo. En los primeros momentos del atraco se producegran confunsión, ésta suele ser la ocasión más apropiada para activarla.

*   No pierda la cabeza, trate de conservar la calma, procure evitar cualquier acción que   aumente el peligro para usted o los demás.

*   NO AMENACE A UN AGRESOR, su instinto de conservación, le dictará reacciones violentas, llegando desde   la toma de rehenes hasta elhomicidio.

*   No toque nada dentro del área en donde los delincuentes actuaron.

*   Trate de memorizar cualquier acento, gesto, cicatriz, rasgo, etc., que puedaservir para una identificación posterior.

*   Si las circunstancias lo permiten y se encuentra seguro de poder hacerlo, evite la huída de los agresores.

*   Si puede hacerlo sin ningún riesgo, observe la dirección por la que huyeron los delincuentes, la clase de vehículo que utilizaron: Tipo, Color, Marca, Matrícula (placa), etc.

*   Observe minuciosamente a los agresores.

Concéntrese en la descripción de uno de ellos, si son varios fíjese en el que se encuentra próximo a usted. Es mejor una información precisa sobre un asaltante, que vagas sobre varios.

*   Obedezca las órdenes de los agresores, pero no actúe con celo, si le piden que entregue el dinero, no debe precipitarse   a darlo todo.

*   Si le piden que abra un cajón, no es motivo para que abra los demás, donde puede haber oculto más dinero.

*   Proteja los lugares donde los delincuentes han colocado sus manos desnudas o huellas evidentes que permitan su identificación.

DESPUES DEL ATRACO
PROCEDIMIENTO

*   Inmediatamente después de que los atracadores se hayan marchado,ponga en funcionamiento la alarma, si no lo había podido hacer.

*   Cierre la oficina si las circunstancias lo requieren.

*   Aisle la zona donde los atracadores han actuado, y no deje que nadiepueda invadirla hasta la llegada de la policia o funcionarios judiciales.

*   Invite a los testigos del hecho a que esperen la llegada de la policía, si nopueden hacerlo, tome nota de sus nombres y direcciones.

*   Escriba su propia descripción del atracador o atracadores, tan prontocomo sea posible. No se fie de su memoria demasiado tiempo.

*   No discuta sobre las características del atracador con sus compañeros detrabajo o con otros testigos.

*   No dé ninguna información, aunque se trate de sus propioscompañeros, mientras no esté autorizado.

*   Llame a sus familiares para asegurarles que se encuentra bien, siendo estacomunicación lo más brave posible.

*   No autorice el ingreso de medios de comunicación a dependenciasasaltadas, hasta que la autoridad haya realizado su trabajo y lo considere procedente.

*   Dé colaboración inmediata a los organismos de seguridad estatal.

*   Realice la denuncia judicial respectiva, siñéndola a la realidad de loshechos.

*   El gerente o encargado de la sucursal, realizará un informe de lo sucedido,reportándolo a la autoridad judicial o de policia que atienda el caso.

*   La entidad afectada comisionará las personas idóneas para el seguimiento jurídico del ilícito, facilitando las pruebas o testimonios necesarios.

*   Colabore con la elaboración de retratos hablados de los agresores.

*   Controle el pánico reprimido, actúe con calma e informe a las autoridades.

*   Analice las debilidades de seguridad que presente su entidad, para sercorregidas inmediatamente.

Proteja la escena del delito, hasta que la autoridad realice su labor

técnica.

ACTITUD DEL COORDINADOR DE SEGURIDAD ANTE UNAEVENTUALIDAD DELICTIVA

VIGILANCIA A CUBIERTO

Solo con una buena investigación a cubierto se puede romper con una cadena delicuencial. Para lograr una ruptura se requiere determinar el *modus operandi* de la organización, conocer sus componentes, facilitar la acción de la autoridad competente y algo muy importante recuperar lo robado.

PENETRACION O INFILTRACION

La Infiltración:

Es el uso de agentes externos con camuflaje de su personalidad y actividadreal. Si se decide utilizar este método se debe saber que:

* La inducción del agente contratado debe ser minuciosa, en esta etapa se hace necesario guardar el máximo secreto para no quemar prematuramente al infiltrado.

* La selección del candidato es bien dificil por tratarse de alguien ajeno a laorganización. Las entrevistas deben realizarse por fuera de la empresa en forma muy discreta obteniendo de los entrevistados un verdadero compromiso de reserva sobre el tema tratado.

* El sistema de comunicación entre el infiltrado y el controlador debe sermuy bien elaborado para asegurarse de una reserva total. Aquí seincluye el sistema de pago.

* En caso de contar con dos (2) o más agentes deben conocerse entre sí, aunque como tienen que conseguir sus informantes dentro de lamisma instalación, se corre un cierto riesgo de auto descubrirse.

*   El infiltrado debe contar con una historia ficticia para camuflar y justificar su presencia dentro de la instalación. Esta fachada debe ser preparada por un profesional y debe cumplir con tres (3) normas básicas:

Diseñar un papel tan SIMPLE como sea
posible. Idearlo en forma tan CREIBLE
que parezca.

Penetración:

Es el uso de empleados de la misma empresa con el fin de obtener información y puede creerse que es más fácil de manejar porque se trata de conseguir el servicio en forma de colaboración leal de trabajadores honestos y leales. Es bueno tener en cuenta:

*   Existe la probabilidad de caer en una trampa, pues en lugar de obtener información se puede llegar al extremo que los propios planes pasen directamente a la red, habilitándola para cometer delitos con toda tranquilidad.

*   Además de lo anterior, y como el empleado no es una persona entrenada para estos oficios, es muy fácil que se queme en las primeras salidas lo cual hace inevitable sacarlo como medida de protección, indenmizándolo y buscándole otro trabajo en otra empresa.

*   Una falla de operación de penetración, obliga a la dirección de seguridad a suspender por algún tiempo cualquier esfuerzo de obtener información, lo que deja a los delicuentes con la vía libre para cometer toda clase de fechorias.

3
MODUS OPERANDI

Modus: Modo   Operandi: Operar

Es el modo en que opera la delincuencia, otra definición es

Son las técnicas y formas que la delincuencia emplea para realiza los

ilícitos

2.- ORIGENES DEL DELITO

Hablar de las técnicas que la delincuencia emplea es un tema bastante amplio, porello conoceremos el origen de los delitos, que va paralelo al origen de las amenazas, las ventajas y desventajas de los diferentes orígenes, siendo lo másimportante la conciencia y procedimientos que debe tener el G.S.

INTERNO: Es originado por el personal que labora dentro de una organización o vive dentro de un conjunto residencial o edificio. Veamos las ventajas, desventajas que presenta el G.S. y el delincuente y procedimientos paraprevenir, detectar o evitar este tipo de ilícito.

DELINCUENTE

El delincuente tiene mas ventajas, no requiere de una vigilancia al sitio, loconoce a la perfección y conoce el sistema de seguridad; brinda confianza y amistad; Tiene tiempo suficiente para planear, preparar y ejecutar el ilícito, lopuede hacer continuamente.

La única desventaja aparente es que puede ser sospechoso cuando se descubre el hecho, si es que esto llega hacerse.

VIGILANTE

Para el VIGILANTE la única ventaja es que conoce al personal y sus funciones, sabiendo quien es quien dentro de la empresa, pero tiene más desventajas, como son: Rutina en su puesto; confianza y amistad con los empleados; siendo estos dos aspectos los más negativos para cumplir con sus funciones, el auto-estima de sentirse en ocasiones menos que otras personas einfluye en el carácter (Personalidad) del Vigilante.

PROCEDIMIENTOS

Para prevenir este tipo de amenaza se deben seguir los siguientes procedimientos:

Mantener una relación laboral de seguridad con los empleados.No tener confianzas.

Observar al personal, si es mucho, hacerlo selectivamente en la entrada y salida.

Llevar los libros de control y minuta actualizados.

Mantener al Jefe de Seguridad de la empresa o en su efecto al encargado, de los indicios y sospechas de ilícitos, recomendándole procedimientos de controlque se pueden efectuar.

En coordinación con el Jefe de Operación de la empresa de vigilancia, o Jefe de Seguridad usuario, adelantar pruebas de confianza al personal de empleados de la misma.

(1) **EXTERNO:** Es cuando el delincuente viene de afuera, es

originado por terceras personas.

DELINCUENTE

Puede obtener ciertas ventajas si se le permite, requiere de una vigilancia intensa para conocer las instalaciones, sistemas de seguridad y ganarse la confianza de los empleados y del G.S., normalmente siguen un patrón y tienen una guía paraejecutar los ilícitos, de la cual pueden o no seguirlo al pie de la letra.

GUIA DEL DELINCUENTE

<u>SELECCIÓN DE VARIOS</u> **OBJETIVOS:** De acuerdo al motivo que lo lleva acometer el delito, seleccionan sus víctimas y objetivos. EJEMPLO: Motivo económico un asalto, atraco, robo o un secuestro en otros, si es de presión un atentado terrorista, un secuestro, amenazas etc. Analizan sus motivos y posibles víctimas y proceden hacer una Vigilancia.

VIGILANCIA: Los tipos de vigilancia que desarrollan los delincuentes son Fijos y móviles, empleando para ello tres tipos de técnicas, así:

FACHADA: Es un disfraz que emplean asumiendo diferentes tipos de personajes, desde un reciclador hasta un gran ejecutivo de empresa, son las personas encargadas de conocer los dispositivo de seguridad y el rol de una empresa en su interior, la rutina y controles.

INFILTRACION: Cuando alguien de la organización de delincuentes entra a laborar en el objetivo, personal temporal, reemplazos, contratistas o sub- contratistas.

PENETRACION: Esta técnica requiere de un mayor trabajo y no siempre es segura para la organización de delincuentes, es hacer cambiar de mentalidad, principios morales y éticos a una persona que este laborando dentro del objetivo mediante engaños y artimañas, de no lograrse conocen las debilidades de esa persona e inician a presionar para que colabore y suministre información.

RECOLECCION DE LA INFORMACION Y ANALISIS: En forma **simultánea** con el punto dos, inician a recoger la información obtenida, montando una maqueta y/o organizando la información, determinando puntos vulnerables, procedimientos, accesos, personas que laboran y sus actividades personales, rutas de acceso, edificaciones, sitios de frecuencia, viviendas, autoridades, etc. y analizan la información.

TOMA DE **DECISION:** De acuerdo al análisis realizado a la información determinan que paso seguir o cambiar de objetivo, viene la toma de la decisión.

PLANEAMIENTO: Si la decisión tomada es continuar con la acción, viene elplaneamiento, que comprende determinar **qué** es lo que van hacer, como lo vanhacer, quienes van a participar, que medios van ha utilizar, como lo van hacer, lugares de reunión, escondites, sitios alternos, claves, rutas de escape, hora y fechade la acción.

EJECUCION: Antes de entrar en acción realizan entrenamientos en sitios similares al objetivo real, visitan el objetivo para familiarizarse con el entorno y conocer al detalle el sitio, empleando su mejor arma la SORPRESA.

La anterior guía puede tener variaciones, omitir algún punto, agregarpuntos o modificar su orden.

VIGILANTE

Ventajas del Vigilante es que conoce el sitio de trabajo, puede detectarmediante la contra-vigilancia al delincuente.

PROCEDIMIENTOS

Para detectar este tipo de delito se requiere por parte del Vigilante seguirlos siguientes procedimientos:

Observar en todo momento su entorno y el interior, personas y actividades, vehículos, ventas ambulantes, retener esta información.

Cualquier indicio, comunicarlo al superior, si es necesario tomar contactocon las autoridades.

No dejarse abordar de personas extrañas y empleados, para no dejarsesorprender y no perder la visibilidad.

Tener un plan de acción a seguir, un campo de tiro y la protecciónadecuada.

COMBINADO:

Es cuando se presentan alianzas entre el externo e interno, siendocualquiera de los dos el iniciador.

COMBINADO INTERNO:

Cuando el delincuente trabaja dentro de una organización y recurre a un tercero que viene de afuera para que cometan el ilícito, suministrándoles la información y preparándoles el terreno.

COMBINADO EXTERNO:

Cuando el delincuente de afuera, mediante vigilancia determina a un trabajador de la empresa y le propone la alianza.

3. - OBJETIVOS DE LA DELINCUENCIA

Cualquier sector de la vigilancia está expuesta con todos sus elementos que la componen a una amenaza por parte de la delincuencia, por ello veremos los objetivos de los delincuentes

FUNCIONARIOS

A. PERSONAS

**BIENES Y
BJETIVOS VALORES**

C. DOCUMENTOS INFORMATICA

**EMPRESARIOS
COMERCIANTES
MENSAJEROS
ALMACENISTAS
DINEROS
JOYAS / GALERIA N
MUEBLES ELECTRODOMES.
HERRAMIENTA
MERCANCIAS
DINEROS
JOYAS / GALERIA
MUEBLES ELECTRODOMES.
HERRAMIENTA MERCANCIAS MATERIA PRIMA**

**• PLANES DE :
-SEGURIDAD**

-EMPRESARIOS

- COMERCIALES

**• INFORMACION
- CONTABLE**

4.- ORGANIZACIÓN DELINCUENCIAL Y MOVILES

La organización delincuencial se tiene en cuenta de acuerdo a la modalidad, constitución, medios y los motivos o causas que los motivan, así:

SISTEMA NACIONAL DE INTELIGENCIA

ORGANIZACIÓN DEL SERVICIO DE INTELIGENCIA

GENERADORES DE VIOLENCIA MOVILES GENERADORES DE VIOLENCIA

AREVOLUCIONARIO

A. GRUPOS SUBVERSIVOS
URBANA
RURAL
B. GRUPOS ARMADOS PARAMILITARES
C. NARCOTRAFICO
D. DELINCUENCIA ORGANIZADA
E. DELINCUENCIA COMUN
F. DELINCUENCIA EN POTENCIA

**B.ECONOMICO C.IDEOLOGICO D.PERSONAL E.DESEQUILIBRIO MENTAL
F.DROGADICCION G.MERCENARIOS**

ENCOLOMBIA

SISTEMA NACIONAL DE INTELIGENCIA

Es la máxima instancia del servicio de Inteligencia del Estado y esta conformado por todas las Agencias Gubernamentales autorizadas para llevar acabo operaciones de Inteligencia.

CONSEJO TÉCNICO NACIONAL DE INTELIGENCIA

Es el órgano que dirige y orienta a todas las Agencias y Direcciones de Inteligencia de las FF.MM., Policía Nacional y Departamento Administrativo de Seguridad "DAS".

ORGANIZACIÓN

ORGANIZACIÓN

INTEGRANTES

- D2 del EMC de las FF.MM.

- Director Inteligencia Ejército

- Director InteligenciaARC

- Director InteligenciaFAC

- Director Inteligencia PONAL

- Director Inteligencia**DAS**

FUNCIONES

- Unificar Políticas de Inteligencia

- Fortalecer la Integración de lasA.I.

- Buscar la eficacia de las A.I.

- Generar nuevas Doctrinas ySistemas

CONSEJO TÉCNICO NACIONAL DE

| SEC. ADMINI STRATI | SEC. OPERATIVA | CONSEJO TÉCNICO SECCIONAL DE |

SEC. ADMINISTRATIVA

FISICO s

ORGANIZACIÓN DE INTELIGENCIA EMPRESARIAL

La organización de la Sección de Inteligencia en la Seguridad Privada, se puede organizar de diferentes formas, esto un modelo que puede ser ajustado asus necesidades.

La participación del personal de empleados administrativos y operativos esfundamental, esto quiere decir que no se requiere de personal adicional en la estructura de la empresa, si no de designar funciones adicional para el cumplimiento de los objetivos.

ORGANIZACIÓN GENERAL DE LA EMPRESA

ORG. DE

INTELIGENCIA

JEFE DE OPERACIONES

SECCION INTELIGENCIA

SEC. CONTRA-INTELIGENC

SECCION DE OPERACIONES

B. ORGANIZACIÓN DE LAS SECCIONES

SECCION INTELIGENCIA

JEFES DE

EVALUACIÓN Y ANALISIS

DIVULGACION

SECCION CONRA-INTELIGENCIA

ASUNTOS INTERNOS

ESTUDIOS DE SEGURIDAD

PERSONAS

SECCION OPERACIONES

COORDINADOR

COMUNICACIONES

FACTORES DE INSEGUIRIDAD

l. PROBLEMAS SOCIALES. Desempleo, cinturones de miseria, subempleo, prostitución, drogadicción, mendicidad, desplazados.

ll. GRUPOS EXTREMISTAS. Extrema derecha, extrema izquierda,extremistas separatistas, extremistas religiosos (fanáticos).

lll. JUSTICIA PRIVADA. Tomarse la ley por cuenta propia. Grupos de limpiezasocial.

lV. DELINCUENCIA COMÚN Y ORGANIZADA. Diferencias

V. PERFIL Y CLASES DE DELINCUENTES. Por imprudencia, ocasional, irresponsable, neurótico, psicópata-sociópata, esquizoide-psicoparanóico, y profesional.

Delincuente por Imprudencia:
Ejecuta el acto sin intención, por accidente
Es un individuo normal y actúa de manera prudente y responsable.Son los delitos culposos. Ej: accidente de tránsito.

Delincuente Ocasional:
Comete el delito con dolo
Tiene propósito de
infringir la ley
Concibe los
detalles y
circunstancias
Llamado buen
propósito, excusa

1. Delincuente

Irresponsable: Desconocen la naturaleza del delito y sus consecuenciasRetardados mentales

2. Delincuente Neurótico:

Neurosis: afección mental caracterizada por la conciencia clara y evocatoria dolorosa de un conflicto psíquico, por la existencia de un proceso de defensa, por una discreta alteración y la ausencia de lesiones anatómicas demostrables. La histeria es una de las neurosis más frecuentes

Delincuente Psicópata-Sociópata: La mayoría de los delincuentes son psicópatas PSIQUE = Mente   PATOS = Enfermedad

Personalidad anormal, menoscabada (disminuida), enfermo mental Perturbado, excéntrico, inestable emocionalmente, gran ego Ausencia de virtudes de orden moral o social
No son débiles mentales ni dementes (locos)

Es un inadaptado social, excitable, mentiroso, estafador, antisocial y sexual. Personalidad inmadura, no integrada, no escarmienta

DelincuenteEsquizoide-Psicoparanóico:
Esquizofrenia: enfermedad mental que suele declararse hacia la pubertad y se caracteriza por una disociación de las funciones psíquicas.

Paranoia: delirio de persecución

Inclinación a la violencia física extremaDiferencia el bien y el mal

Insensible emocionalmente, carece de contacto con la realidad
endencia a delirio de persecución

Delincuente Profesional:

Llamado listo, el crimen es su negocioActúa con intención

No corre riesgos innecesarios

Su error: pensar que el hombre por naturaleza es deshonesto y mentiroso.

4
ATENCIÓN AL CLIENTE
CONTACTO ON EL USUARIO

Cada vez que lo considere necesario o conveniente, o reciba la orden de la empresa, entrará en contacto con el usuario para enterarse de sus recomendaciones, solicitudes quejas o reclamos. Sobre estos aspectos elaborará el correspondiente informe para el departamento de Operaciones. Por lo general, sin causar molestias a usuario, esto debe tratar de hacerlo tres veces en el mes.

LOS DIEZ MANDAMIENTOS DE LA ATENCION AL CLIENTE

EL CLIENTE POR ENCIMA DE TODO

Este es el símil del primero de los diez mandamientos de Dios "Amar aDios sobre todas las cosas", en este caso es el cliente a quien debemos tener presente antes que nada.

NO HAY NADA IMPOSIBLE CUANDO SE QUIERE

A pesar de que muchas veces los clientes solicitan cosas casi imposibles, con un poco de esfuerzo y ganas de atenderlo muy bien, se puede conseguir loque él desea.

CUMPLE TODO LO QUE PROMETAS

Este sí que se incumple (más que el de "No desearás a la mujer del prójimo", creo yo), son muchas las empresas que tratan, a partir de engaños, deefectuar ventas o retener clientes, pero ¿qué pasa cuando el cliente se da cuenta?

SOLO HAY UNA FORMA DE SATISFACER AL CLIENTE, DARLE MÁS DE LO QUE ESPERA

Es lógico, yo como cliente me siento satisfecho cuando recibo más de lo que esperaba. ¿Cómo lograrlo? conociendo muy bien a nuestros clientes y enfocándonos en sus necesidades y deseos.

PARA EL CLIENTE, TU MARCAS LA DIFERENCIA

Las personas que tienen contacto directo con los clientes tienen una gran responsabilidad, pueden hacer que un cliente regrese o que jamás quiera volver, ellos hacen la diferencia. Puede que todo "detrás de bambalinas" funcione a lasmil maravillas pero si un dependiente falla, probablemente la imagen que el clientese lleve de todo el negocio será deficiente.

FALLAR EN UN PUNTO SIGNIFICA FALLAR EN TODO

Como se expresaba en el punto anterior, puede que todo funcione a la perfección, que tengamos controlado todo, pero qué pasa si fallamos en el tiempode entrega, si la mercancía llega averiada o si en el momento de empacar el par dezapatos nos equivocamos y le damos un número diferente, todo se va al piso. Las experiencias de los consumidores deben ser totalmente satisfactorias.

UN EMPLEADO INSATISFECHO GENERA CLIENTES INSATISFECHOS

Los empleados propios son "el primer cliente" de una empresa, si no se les satisface a ellos, cómo pretender satisfacer a los clientes externos, por ello las políticas de recursos humanos deben ir de la mano de las estrategias de marketing.

EL JUICIO SOBRE LA CALIDAD DE SERVICIO LO HACE ELCLIENTE

Aunque existan indicadores de gestión elaborados dentro de las empresas para medir la calidad del servicio, la única verdad es que son los clientes quienes, en su mente y su sentir, quienes lo califican, si es bueno vuelven y no regresan si no lo es.

POR MUY BUENO QUE SEA UN SERVICIO, SIEMPRE SEPUEDE MEJORAR

Aunque se hayan alcanzado las metas propuestas de servicio y satisfaccióndel consumidor, es necesario plantear nuevos objetivos, "la competencia no datregua."

CUANDO SE TRATA DE SATISFACER AL CLIENTE, TODOSSOMOS UN EQUIPO

Los equipos de trabajo no sólo deben funcionar para detectar fallas o paraplantear soluciones y estrategias, cuando así se requiera, todas las personas de la organización deben estar dispuestas a trabajar en pro de la satisfacción del cliente,trátese de una queja, de una petición o de cualquier otro asunto. Amén.

CAUTIVE A LOS CLIENTES

Fije con precisión el objetivo de sus mensajes.

La información es poder

Ofrézcales algún tipo de estímulo para que se abran a usted. Rogers cuentala historia de la tienda Zane's Bicycles cuando, de pronto, tuvo que hacer frente a la competencia de dos establecimientos de empresas de ámbito nacional, una de ellas la gigantesca cadena Wal-Mart. La oferta consistía en proporcionar mantenimiento gratuito durante un año a sus 35.000 clientes a cambio de responder un cuestionario. La información recopilada sirvió para esbozar un perfil de cada cliente que permitiese realizar una publicidad indivualizada. Y lo cierto es que Zane no sólo se ha mantenido fuerte frente a Goliat sino que su crecimiento se ha disparado.

ANTE LAS QUEJAS Y RECLAMOS

Las quejas y reclamos de los vigilantes son algo de diaria ocurrencia y es un aspecto que debe saber manejar muy bien el COORDINADOR para asegurar un clima laboral armonioso. Un método para lograr un tratamiento efectivo deestas situaciones es el siguiente:

Investigue: Los hechos para verificar la queja

Escuche: Atentamente a quien se queja

Obtenga Información: importante sobre el caso

Asesórese: De una persona de mas experiencia, si fuere necesario
Tome una decisión: Basada solamente en los hechos. Sea objetivo.
Suministre una pronta respuesta: Al reclamante

Registre la experiencia: Como antecedente para un nuevo caso.

QUEJAS MÁS COMUNES Y SUS CAUSAS

Sobre salarios

No recibo lo que merezco

Devengo menos que otros que tienen menor capacidad y preparación
Mi trabajo vale más de lo que me pagan

Sobre el sistema de pagos

La liquidación no se entiende Frecuentes Errores de liquidación

Demora en arreglar los errores de liquidación

Sobre el supervisor

No le agrado al supervisor

El supervisor siempre me critica

Mis errores se deben a falta de información del supervisor Mi supervisor sufre de favoritismo

El supervisor no presta atención a mis quejas

Sobre las Operaciones

Hay demasiadas normas y consignas

Las órdenes no se anuncian con suficiente oportunidad y claridad

Sobre promoción

No hay posibilidades de un mejor puesto en este empleo

Promovieron a supervisor a otro con menos capacidades que las mías
No existe un plan de promociones y ascenso por méritos.

Sobre el despido

La compañía fue muy injusta

Lo que hice no merecía un castigo tan drástico Estaban buscando una excusa para librarse de mi.

Sobre el puesto

Siempre me asignan el puesto malo

Me quieren sacar del turno nocturnoNo deseo trabajar más en ese puestoHe solicitado cambio hace mucho El usuario es un mal elemento

Sobre las condiciones de trabajo

No existen suficientes lockers

Es imposible tomar una ducha después del turno

Mi puesto es insalubre, húmedo y muy contaminado No deberían dejarme en este puesto más de tres meses

EVALUACION Y DESEMPEÑO DEL PERSONAL

Para evaluar al personal se deben interrelacionar los siguientes factores:

Conocimiento del evaluado Conocimiento del puesto donde desarrolla su actividadFunciones que se deben cumplir en el puesto Observación permanente

OBJETIVOS DE LA EVALUACION

Analizar el comportamiento del vigilante

Comparar su rendimiento con puesto similares

Valorar sus esfuerzos de mejoramiento o acatamiento de las instruccionesrecibidas.

Motivar al personal a un buen cumplimiento de su función.

Hacerlo partícipe de los esfuerzos de la empresa por mejorar su situación

laboral.

Conocer los conflictos de toda clase que pueda tener el vigilante y orientarlo sobre su solución.

Reforzar los aspectos positivos del vigilante y contrarrestar sus debilidades.

Al evaluar al supervisor debe basar su evaluación en la aplicación del método: CAUSA - EFECTO - REMEDIO, recordando que a los problemas hayque encontrarles: Su origen y sus síntomas Su desenlace y su tendencia. Encontrar una solución definitiva, a la cual se llega sólo al eliminar las causas.

Generalmente para esta actividad las empresas tienen formatos de evaluación que el supervisor debe estudiar y aprender a diligenciar.

Hágales saber oportunamente cualquier cambio que pueda

afectarles, sobre todo si va a producirles preocupación o inquietud.

GUIAS PARA EL BUEN DESEMPEÑO DE LAS FUNCIONES

Las siguientes son unas guías que le ayudarán en el difícil arte del mandoy la supervisión:

Mantenga en mente el objetivo de su trabajo

Su trabajo es el de dirigir. Dirigir significa administrar. Para administrar se deben tener en cuenta los siguientes factores:

Conocimiento de los colaboradores Entrenamiento y capacitación para la labor

Establecimiento del manual de funciones y procedimientos

Empleo de los recursos con eficiencia (mejor combinación y utilizacióneconómica) y eficacia (cumplimiento del objetivo).

Atención de quejas y reclamos tratando de que el quejoso, contra quiense quejan y la empresa queden bien.

Implantación de un sistema de reconocimiento de méritos

La supervisión está encaminada a lograr los objetivos de la empresa.

Trabaje para ganarse el respeto de sus colaboradores, no para ser simpático

En lo posible no pida favores personales a sus colaboradores, para que no se comprometa.

Sepa establecer una diferencia o una línea entre la amistad y el cumplimiento del deber. En la oficina observe un trato profesional, fuera de ellay del trabajo, anule los formalismos jerárquicos.

No dude en pedir a sus subordinados recomendaciones, consejos y ayuda

Quien está constantemente en un lugar, es quien sabe sus debilidades ysus fortalezas y sabe como dominar el entorno. Esa persona es el vigilante, por eso es una de las personas más autorizadas para sugerir mejoramientos.

Ponga mucho énfasis en los resultados y poco en las reglas

Asigne a una persona el trabajo por hacer y déjelo que lo haga, fíjele metas y objetivos y déjelo solo, diciéndole que si lo necesita lo llame y luego quítese delcamino y déjelo trabajar. Haga críticas constructivas pero al mínimo

Ante una falla: Infórmese bien de los hechos

No critique a la persona que ha falladoAnalice los pros y los contras

Analice la otra cara de la monedaNo suponga, constate

En forma correcta y amigable, dígale a la persona en que fallóCorrija sin herir; las cicatrices se demoran en sanar.

Atienda las quejas de sus hombres

Practique una política de puertas abiertas Facilite a sus colaboradores hablar con usted

Permítales que hablen abiertamente y no tome usted una posicióndefensiva

En lo posible reduzca el papeleo y la tramitología

Mantenga informado a su personal

Teniendo en cuenta el principio de compartimentación, comunique alpersonal los planes y objetivos de la empresa

Hágales saber oportunamente cualquier cambio que pueda afectarles, sobre todo si va a producirles preocupación o inquietud.

5
CONTROL DE ACCESOS

DEFINICION Y CONCEPTO

Acceso

Es la acción que se toma por medio de aquellas medidas naturales o no, pasivas o activas; cuya implantación garantice en todo momento la identificación de personas y materiales que pretenden acceder a una determinada área, controlando, facilitando o denegando el acceso a dicha área, según un planteamiento o criterio preestablecido.

Es un punto, área o zona, por donde entran, salen y transitan, persona,con o sin objetos.

Por qué un Control de Accesos

*   Por la necesidad de proteger un área.

*   De determinadas personas.

*   De determinados materiales.

Clases de Acceso
Por su extensión:

Puntual. El que se hace en un sitio definido como una portería, una bodega.

De Zona o área. El que se hace en una parte extensa, como el perímetrode la empresa, berjas, muros, avenidas internas, escaleras, vestíbulos, rotondas, área externa de un depósito.

Cercano. Cuando los elementos detectores están próximos al panel de alarmas o del monitor.

Remoto. Cuando los elementos detectores están alejados del panel de alarmas o del monitor.

Por sobre quién o que se realiza:
A persona. Cuando estas entran, salen, transita o permanecen.

A animales. Cuando estos salen, transitan o permanecen.

A cosas:

- Entrada y salida de documentación e información

- Entrada y salida de vehículos

- Entrada y salida de sustancias químicas (explosivos)

- Entrada y salida de materiales de dotación

- Entrada y salida de materiales de producción

- Entrada y salida de material de residuos industriales (basuras)

- Entrada y salida de armas

- Entrada y salida de provisiones

- Entrada y salida de elementos que hacen parte de contratos

Por políticas de la empresa:
- Autorizado

-     No autorizado
-     Restringido

Clases de Control de Acceso

-     Humano
-     Animal
-     Sistemas de identificación
-     Plan de señalización: Rutas y áreas
-     Observación y patrullaje
-     Técnico

1. **Humano.** El control de accesos es humano cuando la verificación la efectúa personal de seguridad debidamente capacitado y entrenado, utilizandoespecialmente los sentidos. Se usa en empresas pequeñas donde el funcionario de seguridad conoce de vista y trato a los directivos, empleados, provedores y contratistas y visitantes frecuentes; también en las entidades de gran tráfico depersonas, como centros comerciales, cuando parte de la seguridad tecnológica está desactivada, como por ejemplo entre las 10:00 y las 02:00 horas cuando las áreas están en pleno servicio, hay mucho público y el control se hace mediante el sentido de la vista, por observación para no causar incomodidades. Entra también en juego el sentido del oído para detectar ruidos sospechosos en lugares dondeno se deben oír y el olfato cuando se perciben olores de emanaciones de sustanciasexplosivas como el cloro o ácido nítrico, que hacen parte de componentes explosivos o los olores que produce el consumo de sustancias narcóticas como la marihuana, el crack y los pegantes.

2. **Control de accesos animal.** Se hace para detectar intrusos o para detectar vapores de sustancias. A los intrusos en áreas grandes los detectan los perros, cerdos, gansos y cisnes, produciendo el aviso necesario para que la fuerza de reacción y respuesta se active y solucione (no se debe esperar que el animal, con sus limitaciones retarde, detecte, avise, produzca respuesta y de soluciones). Perros y cerdos adiestrados, detectan vapores de sustancias químicas como explosivos y narcóticos.

Las dos clases anteriores, se combinan mediante el binomio hombre/animal, obteniéndose excelentes resultados.

3.   Control de Accesos con Sistemas de Identificación. Es el que se hace por medio de fichas, escarapelas, carnets, pases y credenciales. Se utiliza en empresas pequeñas y medianas en las cuales está establecido para:

-      Personal interno: permanentes

-      Personal externo: transitorios

Los sistemas usados con mayor frecuencia son:
-      Código de Colores

-      Ficha Simple
-      Ficha doble
-      Mixto
-

Código de Colores. Se usa si el grado de seguridad requerido es alto. Se puede establecer de varias maneras. Por ejemplo:

1)   Color diferente en el fondo de la fotografía del carnet, de acuerdo a los cargos o a las dependencias.

2)   Color diferente en toda la ficha o la escarapela.

3)   Con rayas horizontales, verticales o diagonales.

4)   Uso de uniforme de determinado color, según el área o piso de trabajo.

5)   Uso de colores en el carnet, según el grado de autoridad o de confiabilidad.

a.   Ficha Simple. Es hasta el momento, - aunque existen más avanzados yágiles -, el sistema más utilizado en la industria y en el comercio. Consiste en laescarapela o ficha laminada que se recibe y se porta visiblemente. El procedimiento que se sigue por parte del personal de seguridad es más o menosel siguiente:

1)   Cuando el visitante llega, deberá identificarse en la portería y comunicar el motivo de su visita, la empresa u organización que representa y la oficina opersona a quien va a visitar, datos que el vigilante consigna en el "Libro de Controlde Visitantes".

2)   El vigilante llama a la persona que va a recibir la visita y si éste autoriza, elvigilante le entrega una ficha de identificación al visitante, la cual debe portar en forma permanente y visible y éste le entrega un documento diferente a la Cédula de Ciudadanía y debe dirigirse a una sala de recepción donde será nuevamente indagado.

3)   Allí el visitante debe esperar hasta que la persona solicitada llegue y loconduzca personalmente a su dependencia o a una sala especialmente dispuestapara atender visitantes.

4)   Terminada la diligencia el visitante deshace su recorrido y en la portería entrega la ficha que recibió y el vigilante le devuelve su documento.

5)   El vigilante anota en el libro, la hora de salida.

b.   Ficha doble. Es el mismo sistema anterior, pero complementado con otro formato más, en el cual quedan escritas la hora de entrada y salida, la identificación del visitante y la persona a visitar. Este documento, terminada ladiligencia debe ser firmado por la persona visitada y se debe devolver al salir. En el reverso de este formato, se acostumbra colocar un croquis de la ruta de evacuación y puntos de reunión en caso de emergencias o instrucciones de seguridad industrial si son necesarias.

c.   Mixto. Para mayor seguridad se conjugan uno o los dos anteriores, conun código de colores y se utiliza para personas que tienen acceso a varias áreascríticas.

Como requisitos generales para establecer cualquiera de los sistemas sedebe tener en cuenta lo siguiente:

a.   Cambiar la forma y colores de la tarjeta cada año, o cuando se hayaperdido el 5% de los ejemplares.

b.   Que quien deja de ser empleado de la empresa o unidadresidencial devuelva su documento.

c.   Los documentos de identificación que sean elaborados o recibidospor devolución, deben ser manejados por personal clasificado como de alta confiabilidad.

d.   La persona sólo debe tener acceso a aquellas áreas en las cuales supresencia sea necesaria para ejercer funciones, establecer coordinaciones o cumplir tareas.

e.   Cualquier forma de tarjeta de identificación puede ser adulteradao falsificada, por eso se deben diseñar de tal manera que se dificulte esta acción delictiva y combinar esto con controles internos dentro de las áreas.

f.   Cada vez que se entregue o reciba una ficha,

tarjeta o escarapela de identificación deben quedar anotados persona que recibe, número de la ficha, lugar, fecha y hora del momento de la acción de recibir o entregar.

g.	Todo elemento de identificación debe tener un número que sirvapara validarlo o invalidarlo en los sistemas de control de acceso normales y en el sistema de cómputo.

h.	El material de los documentos debe ser durable para que aguante el uso diario, de un tamaño que no incomode, pero que pueda ser reconocido adistancia, con diseño específico para que no se produzcan confusiones con los de otras áreas.

i.	Debe tener una forma para establecer que quien lo porta es la persona autorizada para portarlo (por ejemplo, foto reciente, número de la cédula,etc.).

j.	Debe tener un indicativo (colores, letras de fondo o la forma: rectangular, triangular, cuadrada, redonda), para establecer e indicar el área en la cual se puede transitar o permanecer con él.

k.	Debe tener indicaciones de adonde y a quien se debe devolver en caso de ser encontrado perdido o abandonado.

l.	Las fichas, pases, escarapelas o credenciales se entregarán a lassiguientes personas:

1)	Empleados normales

2)	Visitantes frecuentes

3)	Personal de seguridad

4)	Directivos

5)   Contratistas

6)   Proveedores

7)   Personal especial autorizado por la gerencia

8)   Invitados ante eventos especiales

9)   Periodistas ante eventos especiales.

4.   Control de Accesos mediante Plan de Señalización: Rutas y Areas. Es otra forma de control de accesos utilizada para evitar que las personas transiten desorientadas dentro de las instalaciones; también se establece como una manera de controlar el tránsito, permanencia y acceso, al hacer coincidir el color de lafichas o escarapelas, con las áreas en las que puede accesar quien las porta. Alrespecto se debe tener en cuenta que:

a.   Las rutas internas deben ser señalizadas utilizando los símbolos y flechas del código internacional de tránsito.

b.   Deben hacerse croquis de las áreas y dependencias para entregarlas al visitante o fijarlas en un lugar visible, en puntos estratégicos de la instalación o a la entrada principal de las edificaciones con el objeto de orientar a la persona y que esta sepa por donde debe transitar.

c.   En la entrada de cada edificio o bloque de oficinas, debe colocarseun tablero visible indicando el nombre del área de dependencias, la actividad que en él se realiza y un directorio de las dependencias. Se puede hacer coincidir elcolor de las fichas con el de cada torre de dependencias.

d.   Lo apartamento u oficinas, deben estar numerados sucesivamente iniciando con el número del piso, colocando los números pares a la derecha e impares a la izquierda. Además en la puerta puede colocarse el nombre de la oficina, más no el del funcionario.

e.	Deben colocarse en corredores, halls o rotondas y escaleras, flechas que señalen las rutas de evacuación, avisos de conservación de la derecha al bajar y al subir e indicación de los puntos de reunión en casos de emergencia.

f.	Los parqueaderos deben señalarse clara y visiblemente en sus áreas comunes y en los parqueaderos particulares, sin colocar nombres de personas ni sus cargos.

5.	**Control de Accesos Mediante Observación y Patrullaje**. Cuando elárea de la instalación es grande y tiene terrenos abiertos (no construidos), amplias zonas de parqueo y talleres, se deben establecer:

a.	Puntos de observación. Se establecen mediante instalación de torres o garitas a altura dominante. Pueden ser fijas o móviles, graduables o no graduables, giratorias o no giratorias.

b.	Patrullajes o rondas Se disponen como un apoyo permanente alos puntos fijos de vigilancia en porterías, garitas, bodegas, talleres, etc. SE hace internamente por medio de los supervisores de seguridad y externamente, mediante recorridos esporádicos y a diferentes horas diurnas y nocturnas por elperímetro externo de la empresa o unida residencial y vecindario que la rodeageneralmente con el empleo de motos y/o bicicletas para lograr mayor rapidez y cobertura.

6.	**Control de Accesos con Medios Técnicos.** Es el sistema establecido por una empresa, mediante la utilización de aparatos electrónicos y/o electromagnéticos. Los hay de diferentes clases con tecnología avanzada y aunquesu grado de funcionamiento es excelente, deben estar complementados con personal que actúe en la defensa y tome soluciones, ya que como vimos en el control de accesos animal, ni los animales, ni los equipos tecnológicos, pueden hacer capturas, ni tomar decisiones, aspectos estos que están en manos de los humanos, detectores y/o sensores cumplen con retardar, detectar, avisar, y solicitar una respuesta, la cual debe ser dada por humanos. Entre los diferentessistemas para control de acceso tecnológico existen:

a.   Arco detector de metales

b.   Puertas de doble trampa o exclusas

c.   Puertas giratorias inteligentes

d.   Detectores de rayos X

e.   Circuito Cerrado de Televisión

f.   Sensores de campo para seguridad perimetral

g.   Barreras para bloqueo de tráfico rodado

h.   Control biométrico. Medidas corporales, retina, huellas dactilares,tensión de voz

i.   Tarjetas de codificación electrónica con o sin clave

j.   Sensores lineales y volumétricos de ondas de radio o microondasy/o infrarrojos

k.   Nebulizadores

l.   Etc.

CONTROL DE PAQUETES

Es un procedimiento indispensable en el control de accesos para impedir los hurtos, recuperar lo hurtado y prevenir sabotaje y espionaje. En el plan y manual de seguridad se deben establecer normas y procedimientos referentes almanejo de los materiales, bienes y equipos y las personas autorizadas para portarlos y/o movilizarlos al igual que los puntos determinados para la entrada y salida de los mismos, en los cuales debe existir el catálogo de firmas que autorizansu movilización, salida y entrada.

Un sistema de formatos para acceso de paquetes debe contener:

A. Número

B. Nombre de la persona que entra o sale con él, dependencia donde trabaja y su número de documento de identidad.

C. Fecha y hora de entrada y/o salida.

D. Descripción del paquete y/o artículos.

E. Firma de la persona que autoriza la salida y/o entrada.

F. Firma del funcionario de seguridad que compara con el catálogode firmas.

G. Distribución del original y copias del formato.

H. Si es un elemento que sale y debe regresar, fecha y hora en la cualel regreso debe producirse.

No se debe permitir la salida de ningún paquete o elemento si no tiene ladebida autorización, si la firma de quien autoriza no coincide con la del catálogo de firmas o no se han cumplido todos los pasos dispuestos en el manual deprocedimientos de seguridad.

Instrucciones verbales para la salida y/o entrada de elementos no deben ser permitidas pues proveen una base para malos entendidos y/o ausencias de responsabilidad.

Cuando el número de personas a controlar es grande se debe utilizar unsistema aleatorio, como por ejemplo el uso de balotas verdes y rojas entre unabolsa. A quien le salga roja será requisado a quien le salga verde no se le requisa. Si hay aumento de robos o informaciones de peligro se colocan bastantes rojas y pocas verdes. Si la situación es de normalidad se colocan bastantes verdes y pocas rojas.

CONTROL DE ACCESO DE VEHICULOS

Un método para sacar elementos hurtados, utilizado por los delincuentes es escondiéndolos dentro de un vehículo o agregándolos a la carga o mercancíaque legítimamente tiene que ser sacada de la instalación. Igual sucede para introducir elementos de sabotaje, así que es esencial hacer cumplir las normas establecidas por la empresa para controlar todos los vehículos que entren o salgande las instalaciones.

Como norma general, y si no se infringen normas relativas al Código de Tránsito y Transportes los parqueaderos para los vehículos de empleados y visitantes, deben estar localizados fuera de la instalación, eliminando de esta formala necesidad de inspeccionar todos los vehículos diariamente. Si esto no es posibledeben penetrar a las instalaciones previa revisión junto con sus ocupantes. El procedimiento que debe seguir el personal de vigilancia, es por lo general el siguiente:

A.   Si el vehículo es particular:

1.   Anotar placa

2.   Anotar nombre y documento de identidad del conductor

3.   Propósito de la entrada o salida

4.   Inspección del vehículo

B.   Si el vehículo es de una empresa de transporte:

1.   Establecer lugar y fila (en turno) para la entrada y/salida entregando ficha numerada para seguir un orden de atención.

2.   Al momento de entrar, solicitar identificación y documento alconductor.

3.   Comprobar con la información de la empresa de transportes si esees el conductor y el vehículo que debe llegar.

4.   Inspeccionar el vehículo y su contenido.

5.   Confrontar carga en número, peso y volumen con los documentosde remesa y/o factura del remitente.

6.   Si todo está correcto continuar con los procedimientos administrativos de entrega/recepción de mercancía.

c.   Si es un vehículo de propiedad de la empresa o contratado por laempresa:

1.   Se registra la identificación del conductor y del vehículo y elkilometraje de salida y de entrada.

2.   Funcionario que autoriza la salida del vehículo, comparando lafirma con el catálogo de firmas que debe existir en la portería.

3.   Misión que el vehículo va a cumplir y tiempo en el cual deberegresar.

4.   Confrontación de la carga con la orden de salida.

5.   Se deja constancia del estado exterior del vehículo.

Los directivos de las empresas deben dar ejemplo, solicitando que susvehículos sean sometidos a requisa, pues el día que suceda algo grave, sus vehículos razonablemente, serían los primeros sospechosos de haber servido como factor de perturbación.

Cuando el número de vehículos a inspeccionar es grande, se hace un registro aleatorio. Por ejemplo:

a.   Inspeccionar por su orden de salida el 5°, 7°, 9° y 11° vehículo.

b.   Inspeccionar los de placas terminadas en números impares.

c.   Inspeccionar por colores de vehículos

CONTROL DE ACCESOS

Es tal vez la parte más conocida de la seguridad. Se trata del control demovimientos hacia adentro o hacia fuera de una instalación. La idea generales es que entre o salga solamente lo autorizado, o que ninguna persona pueda entrar o salir si no es autorizada, se puede definir también como las normas y procedimientos que establecen las empresas para controlar la entrada, salida, transito y permanencia de personas, mercancías, vehículos o animales en las instalaciones de la entidad. El control de accesos comprende los siguientes cinco campos:

1.- Identificación y control de visitantes y empleados

2.- Vigilancia de los movimientos en área interior

3.- Orientación, guía y control dentro de las instalaciones

4.- Control y requisa personal y de paquetes

5.- Identificación y control de vehículos.

CLASES DE CONTROL DE ACCESOS

1- Control de acceso humano. Lo hace el hombre utilizando sus cinco sentidos, su suspicacia, detectando ruidos sospechosos en lugares donde no se deben oír y el olfato para detectar olores o emanaciones de sustancias explosivas, aluginogenas

2- Control de acceso animal. Se hace para detectar intrusos o vaporesde sustancias, se hace con perros adiestrados en áreas grandes, cisnes o gansosproduciendo el aviso necesario para que la fuerza de reacción y respuesta se activey solucione.

3- Control de acceso con sistemas de identificación .Es el que se hacepor medio de fichas, escarapelas, carnes, pases y credenciales. Se utiliza en empresas pequeñas y medianas las cuales está establecido para: personal interno y externo.

Los sistemas usados con mayor frecuencia son : código de colores, ficha simple, ficha doble, ficha mixta.

4-   Control de acceso mediante plan de señalización: Rutas y Areas, Es la otra forma de control utilizada para evitar que personas transiten desorientadas dentro de las instalaciones; también se establece como una manera de controlar el tránsito, permanencia y acceso, al hacer coincidir el color de lasfichas o escarapelas, con las áreas en las que pueden acceder quien las porta.

a)   Las rutas internas deben estar señalizadas utilizando simbolos y flechas y códigos internacionales de transito.

b)   Deben hacerse croquis de la áreas y dependencias para entregarles a losvisitantes o fijarlas en lugar visible, en puntos estratégicos de la instalación o en la entrada principal de las edificaciones con el objeto de orientar al persona y queesta sepa por donde deba transitar.

c)   En cada entrada debe colocarse tablero visible indicando nombre del area o dependencia.

d)   Deben colocarse en corredores, halls o rotondas y escaleras, flechas queseñalen las rutas de evacuación, avisos de conservación de la derecha al bajar y alsubir e indicar los puntos de reunión en casos de emergencia.

e)   Los parqueaderos deben señalarse clara y visiblemente en sus areas comunes .

5-   Control de acceso mediante observación y patrullaje. Cuando el area de la instalación es grande y tiene terrenos abiertos, amplias zonas de parqueo y talleres se deben establecer:

a)   Puntos de observación. Mediante instalación de torres o garitas

b)   Patrullajes o rondas. Se dispone de un apoyo

permanente a los puntosfijos de vigilancia en porterías, garitas, bodegas, talleres ete,

Se hace internamente por medio de los supervisores de seguridad externa, mediante recorridos esporádicos y a diferentes horas diurnas y nocturnas por el perímetro de la empresa o unidad residencial y vecindario que rodea generalmente con el empleo de motos para mayor cobertura y rapidez.

6- Control de acceso con medios técnicos. Es el sistema establecido por una empresa, mediante la utilización de aparatos electronicosy/o electromagnéticos. Los hay de diferentes clases con tecnología avanzada y aun que su grado de funcionamiento es excelente, deben estar complementados con personal que actue en la defensa y tome soluciones, los sensores cumplen con retardar, detectar,avisar y solicitar una respuesta, La cual debe ser dada por un humano.

7- Entre los diferentes sistemas de control de acceso tecnológicos existen:

a) Arco detector de metales

b) Puertas de doble trampa o exclusas

c) Puertas giratorias inteligentes

d) Detector de rayos x

e) Circuito cerrado de television

f) Sensores de campo para seguridad perimetral

g) Barreras para bloqueo de transito rodado

h)   Control biométrico. Medidas corporales, huellas, retina, tensión de voz.

i)   Tarjetas de codificación electrónica con o sin clave

j)   Sensores lineales y volumétricos de ondas de radio o microondas y/oinfrarrojos

k)   Nebulizadores

SE HACE CONTROL DE ACCESO EN

Portería Principal. Es la primera imagen de la empresa, tiene un servicio de 24 horas y por intermedio de los vigilantes deben atender cualquier clase deemergencia.

Parqueaderos Puerta para salida de productos terminadosBodegas de comercialización.

Recepción de correspondenciaÁreas restringidas

CONTROL DE ACCESOS Y SAGURIDAD INTERIOR

1-Cumplir estrictamente las políticas y procedimientos

2-Control de ascensores, escaleras y salida de emergencias

3- Control de basuras

4- Salas de espera y pasillos

5- Servicios sanitarios

Accesos a oficinas o dependencias en general desde sótanos y parqueaderos

Tener bien claro quienes están autorizados para ingresar8-A quienes se deben avisar irregularidades.

Acompañante guía. Es una medida de control de acceso. Cuando alguien desconocido o muy importante llegue a una instalación debe hacerse acompañar de uno o dos vigilante con dos propósitos: uno es de seguridad o escolta para evitar que el desconocido se dedique a merodear por sitios restringidos, y el segundo es de guía o acompañante si se trata de un personaje. A veces es necesario acompañar a personal técnico, de aseo o mantenimiento mientras ejecutan trabajos dentro de las instalaciones. Si en el área de trabajo hay un sitio restringidoo punto crítico siempre debe haber o estar presente un vigilante.

Cuando se acompañe o escolte un grupo de visitantes es mejor caminar a un lado del grupo, nunca adelante. El vigilante debe asegurarse que el grupo siempre este completo en todas las aéreas visitadas.

Al ingresar a un salón, oficinas o aéreas cubiertas el vigilante debe entrar primero, revisar rápidamente las condiciones de seguridad, observar los elementosy equipos, y después autorizar la entrada. Al salir es conveniente efectuar un chequeo rápido para percatarse que todo sigue en su lugar.

Si se escolta a una persona que va entrar mercancías o documentos, elvigilante debe acompañar buscando que esta operación se haga en forma completa y rápida.

Control de motines.- En un plan de control de motines el vigilante juega papel importante En caso de desórdenes o motines en su alrededor de una instalaciones, casi siempre frente a la portería principal, la fuerza de vigilancia debeestar entrenada y preparada para restablecer el orden en una primera etapa, mientras se hace presente la fuerza pública.

Es importante recordar que por ningún motivo se hará uso de las armas.Medidas de fuerza como el uso de alambradas o concertinas, el cierre y refuerzo de puertas y ventanas, el uso de bastones de mando, son las únicas y aconsejables para no dar motivo a mayores enfrentamientos o desordenes.

Las acciones de una turba son impulsivas, casi siempre destructivas y muydifíciles de controlar.

Una decisión acertada, firme y rápida debe tomarse para evitar los daños que causa una turba enfurecida. Si usted Sr vigilante se halla solo, llame a susuperior y a la policía lo más rápido posible.

Autoridad, No existen normas legales que asignen esta función a los vigilantes,sin embargo, en casos de accidentes, de emergencia o cuando lo solicite la autoridad, el vigilante debe desempeñarse como tal, y debe saber cómo ejerceresta función transitoria pero importante. Dentro de las instalaciones, por lo general, el Departamento de Seguridad tiene asignadas esta función, de allí que elvigilante debe conocer los fundamentos que rigen esta materia accesoria a su responsabilidad primaria de seguridad.

Vigilante – Portero.- El control de tránsito en portería incluye la revisión de lasautorizaciones de entrada y salida, la carga, la documentación personal, las órdenes de viaje y la regulación del tráfico entrante y saliente.

Al trabajar en portería recuerde: Colóquese en todos los casos en el centro de la intersecciónNo interfiera el normal flujo de personas o de vehículos

Ubíquese de tal suerte que pueda ver todo lo que se acerque o dirige a laportería

Su posición debe ser firme, descanse su cuerpo sobre ambos pies Sea amable pero firme, nunca discuta con peatones y conductores

Observe, decida y ordene.

Use las manos para hacer señales, use el pito, su mirada refleja firmeza

Debe utilizar su uniforme completo esto da mayor profesionalidad a su labor.

Actividades claves o importantes

Es imposible controlar todo. Si se trata de controlar todo no se controla Nada.

El control será de mala calidad. Lo esencial es controlar lo importante las actividades claves. Que es más importante: controlar que todo el personal salga a almorzar, o controlar el contenido de los paquetes a la salida a la calle.

Toda empresa tiene ciertas actividades que son claves para su funcionamiento y seguridad. Claro esto varia de una a la otra, pero por lo general son las siguientes:

1.- Ingreso y salida del personal y vehículos

2.- Ingreso y salida de mercancías y equipos

3.-Embarque o cargue de productos y materiales

4.- Despachos de productos, órdenes de salida

5.- Recibo de mercancías, equipos y materiales. Órdenes de compra.

6.- Barrera perimetral, porterías, garitas, sistemas de iluminación y alarmas.

Puntos críticos

No se puede cuidar todo porque hay muchos puntos que no es

necesariocuidar. El que mucho abarca poco aprieta dice el adagio popular que es muy cierto en cuanto a seguridad se refiere. Los puntos críticos o importantes en cualquier empresa, instalaciones o dependencias son:

1- Los sistemas de aguas, energía, iluminación, teléfonos y alarmas. Puertas y ascensores.
2-Las instalaciones y torres de radio-comunicaciones

3-Las oficinas de gerencia y directivos

4-Las cajas fuertes con valores e información

5.- La caja general

6.- El centro de procesamiento de datos

7.- La barrera o los muros perimetrales

8.- Los puntos débiles que puedan volverse vulnerables

9.- Las avenidas de aproximación

10.- Los parqueaderos

LAS LINEAS DE DEFENSA O SEGURIDAD

El Vecindario: Allí reside la amenaza externa y allí los cómplices de los delincuentes externos.

La Barrera perimetral: Por lo general es una malla de alambre, terminada en alambre de púas y con sistemas de iluminación. En la barreraestán situada la portería principal, las puertas, las garitas, o torre de observación. La barrera puede ser un rio, un vallado, un desfiladero; loesencial es que una barrera a toda hora debe estar vigilada y protegida, si no, no es barrera.

Las areas intermedias: Son las zonas verdes entre la barrera y los edificios.

Los muros perimétricos: Cuando un edificio se halla en la ciudad, los muros que lo rodean son barreras perimétricas, en este caso las puertas y ventanascobran mucha importancia para la seguridad.

Las áreas interiores: Corresponde a las zonas de trabajo, a las oficinas,almacenes y depósitos.

El objeto u objetos protegidos: En las áreas interiores se encuentranciertos lugares que requieren alta seguridad. Ejemplo las cajas fuertes, los archivadores con documentación secreta o de alta clasificación, bóvedas, valoresy joyas.

6
RIESGO

TEORIA DEL RIESGO

RIESGO: Se define como contingencia, posibilidad de daño, peligro, definiciónDiccionario de la Lengua Castellana.

JAMES F. BROTER: Riesgo es la posibilidad de ocurrencia de unevento dañino.

SILVIO VALLEJO: Es la proximidad voluntaria a una situación de peligro. "Riesgo es una situación mediante la cual una persona o un bien materialEstán expuestos al alcance o a los efectos de un peligro".

Origen del Riesgo: Eventos naturales, terremotos, sismos, etc. Eventos accidentales: Calle, lugar de trabajo.Eventos fortuitos: incendio.

Eventos dolosos: homicidio, lesiones, extorsión.

Campos de acción del riesgo:

Seguridad industrial

Seguridad indemnizatoria (seguros.)Seguridad física

Elementos esenciales del riesgo:

Actor o agente primario: Es la persona delincuente

Actor o agente secundario: víctima que puede ser persona o un bien.

Situación de peligro: una acción

Actuación dolosa: intencionalidad de daño

PELIGRO

Es una idea o acción intencional que busca producir daño, ejemploatentado intencional, secuestro, extorsión, etc.

Tipos de peligro:

Sistemático: el atraco callejero, el robo de vehículos, hurto domiciliario,riesgo inocente.

Selectivo: el secuestro, la extorsión o el atentado personal.

DAÑO

Es una lesión moral, sicológica o material que sufre una persona o sólomaterial si se trata de un bien. Es también la concreción de un peligro o es la culminación del riesgo.

AMENAZA

Es la afirmación o insinuación de que se va a hacer un daño. La amenaza es pues, una forma de expresión del peligro, puede ser: expresa o tácita.

VULNERABILIDAD

Es un punto físico, es un comportamiento suficientemente débil que permite ser aprovechado por otros individuos para atacar a una persona en su integridad moral o física o aun bien material en su aspecto físico. La vulnerabilidad puede ser física, personal o de procedimientos.

PUNTO O ZONA CRÍTICA

Es un lugar donde las circunstancias permiten la existencia de un peligro o facilitan la comisión de un hecho delictivo contra personas o bienes.

FACTOR DE RIESGO

Es la condición característica o circunstancia de una persona u objeto que aumenta el nivel de riesgo, son:
Perfil del sujeto pasivo (característica,
personalidad)Las vulnerabilidades
Los niveles de seguridad
La frecuencia de los peligros
La severidad (grado de violencia). Se denomina También como IMPACTO.

FRONTERAS DEL RIESGO

Como riesgo es la probabilidad de un daño, se concluye que no existe riesgo. Cuando no existe posibilidad y la probabilidad del daño. Cuando se sabe que el daño ocurrirá de todas maneras. Las fronteras del riesgo están constituidas por la imposibilidad y la certeza.

POSIBILIDAD

Es la capacidad física, moral o material que tiene un actor primario a agente dañino de producir un daño.

PROBABILIDAD

Es la certeza mayor o menor de que puede ocurrir un daño. La probabilidad puede depender tanto del agente primario como del secundario. Una cosa puede ser posible pero nada probable.

LA POSIBILIDAD ESTA MÁS DESARROLLADA CON EL PELIGRO.

La probabilidad con la ocurrencia de un incidente o un daño.

DIFERENCIAS

Riesgo: Es una situación

Peligro: Es una acción **Vulnerabilidad:** Es una circunstancia
Daño: Es un resultado.

RELACION DE RIESGO

Es la relación que puede haber entre un peligro y una víctima potencial.

Es el establecimiento de la posible relación de Causa y Efecto.

INCIDENTE O EVENTO

Es todo acontecimiento hecho o acción que se produce y en el cual están en peligro las personas o las cosas. En los eventos puede o no haber resultadosdañinos.

FRECUENCIA

Es el número de incidentes de un mismo tipo ocurrido en un lapso de tiempodeterminado.

IMPACTO, SEVERIDAD O INTENSIDAD

Es la gravedad del daño ocurrido en un incidente y se valora en formacuantitativa.

CALCULO DEL RIESGO

Se mide por: Tiempo Distancia CircunstanciaNiveles de seguridadFactores de riesgo

NIVELES O GRADOS DE RIESGO

Alto: Mas del 70% de posibilidad
Medio: Entre un 30% a un 70% de posibilidad
Bajo: Menos de un 30% de posibilidad.
Certeza: 100% de posibilidad

Alto: 70% de posibilidad

Medio: 30% de posibilidad.

Imposible: 0%.

CLASIFICACION DEL RIESGO
Por los intereses que afectan:
Personales: Atentados o secuestros

Reales: Hurto o daño,

Patrimoniales: Extorsión, estafa.

Por el conocimiento:Inocente Calculado

Por el tiempo:Actual Potencial

Por procedencia:Interno Externo.

Por variabilidad del peligro: Constante, Progresivo, Decreciente

ANALISIS DEL RIESGO

Es un proceso mediante el cual se identifican los riesgos y se establece la incidencia que puede tener en la vida una persona o en las operaciones de la empresa, así como el índice de probabilidades con el fin de determinar las medidasde seguridad adecuados tendientes a evitar o minimizar los daños.

PROPOSITO DEL ANALISIS DEL RIESGO

Es crear conciencia dentro de una organización o en una persona interesada entre la existencia o no de algunos riesgos y evaluar la influencia que tendría un evento dañino en las operaciones de una empresa o en la vida normal de una persona y su familia.

La tabla de evaluación de riesgo

NIVEL REAL DE RIESGO	PROBABILIDAD DE LA AMENAZA	VULNERABILIDA D MÁS NOTORIA	CALIFICACION
1. DESCONOCIDO	No se percibe presencia de amenaza	No configuran riesgoalguno	
2. NORMAL	La amenaza, si se realiza, es fruto de la casualidad	Puede estar siendo considerado como blanco	
3. MODERADO	Se presentan indicios de amenaza. El ambiente circundante es peligroso.	Ausencia de medidas de seguridad: falta la actitud preventiva.	
4. GRAVE	La amenaza toma cuerpo y dirección. Aparece el terrorismo y el secuestro. La situación personal es peligrosa.	Ausencia de medidas defensivas. Falla en las medidas de prevención.	

| 5. PELIGROSO | La amenaza se concreta en forma esporádica y luego se presenta en forma continua en cualquier tiempo y lugar. Las personas y la planta física se convierten en blanco de la delincuencia. | Las medidas preventivas no funcionan. Las medidas defensivas acusan graves fallas. El desconcierto agrava la situación general. Ha llegado el momento de la CRISIS | |

GRADO DE RIESGO = POSIBILIDAD + VULNERABILIDAD

Del uso de la tabla que se presenta, se deduce una calificación para el Nivelde Riesgo. Esta fórmula se basa en la probabilidad o sea la apariencia fundamentada de la amenaza, es decir, la existencia de hechos ciertos o comprobables bajo los cuales esta toma forma y dirección específica. La posibilidad en cambio, es la existencia de indicios de presencia de la amenaza, pero sin que pueda determinarse una dirección concreta.

Al concepto anterior de probabilidad, se suma el de vulnerabilidad, o sea la mayor o menor exposición del sujeto al peligro o la amenaza. Esta exposición puede ser voluntaria, para el caso del riesgo calculado, o inocente, para el común de toda la población que vive bajo el ambiente de la amenaza. La fórmula es:

La Seguridad Personal y Familiar

Estudio de Seguridad Personal

Planeamiento

El planeamiento de un programa de protección de personas contempla elperfeccionamiento y ejecución de las siguientes etapas:

Hacer un panorama de riesgos de seguridad para el personaje y su familiaElaborar un plan de acción, mediante el diseño de sistemas de seguridad Establecer un sistema de auditorías para hacer ajustes al plan.

Ejecución

La ejecución del plan está determinada por los siguientes pasos:

Recolección de información y ciclo de inteligencia

Elaborar el proyecto del plan de seguridad y discutirlo con el personaje y su familia

Aprobado el proyecto, elaborar el documento final o sea EL PLAN DESEGURIDAD

Seleccionar un cuerpo de vigilancia para la residencia y oficinas y un grupode escoltas para la protección personal

Establecer un programa de entrenamiento y actualización para el personalde vigilantes y escoltas

Adquisición de vehículos de seguridadReconocimiento Inicial

Para la elaboración del panorama de riesgos se debe hacer una inspección o reconocimiento inicial de todos los lugares y actividades del personaje y su familia. Estas inspecciones deben efectuarse en diferentes días de la semana y en diferentes horas para lograr captar una imagen lo más cercana a la realidad y sedeben tener en cuenta los siguientes puntos:

Estudio de seguridad de la Residencia

Perímetro Vecindario Sistemas de acceso

Topografía circundante

Vías

Estructura de la construcciónIluminación

Alarmas CorrespondenciaPersonal

Estudio de seguridad de la oficina

Control de accesosPerímetro Parqueaderos

Procedimientos de porteríaLlaveros

Alarmas

Adquisición de pasajesCorrespondencia

Proveedores, contratistas y aseadoresGrabaciones telefónicas

Vidrios y puertas de seguridadDetectores

Plan para emergencias

3-Estudio de seguridad de desplazamientos

ConductoresVehículos Escoltas Armas Avanzada

Análisis de rutas

Seguimiento y contraseguimientoSeguridad en sitios visitados

Establecimiento del Programa de Seguridad Física
Consideraciones de carácter general
La Inseguridad

Los atentados dinamiteros, las amenazas de bombas, las practicas extorsivas, los robos continuados, sumados a los secuestros y a los asesinatos, se han convertido en hechos de común ocurrencia. Las empresas, al igual que laspersonas son blanco de esta clase de delincuencia. Para contrarrestar esta amenaza toda empresa debe contar con planes simples pero efectivos para evitar que estos delitos atenten contra su estabilidad.

La Vulnerabilidad

Es la explotación que los delincuentes pueden hacer, del conocimiento de los puntos débiles de la empresa. La vulnerabilidad puede estar en la planta física o en las personas, por eso se debe establecer que los ambientes sean seguros y se debe hacer el estudio de seguridad de todas las personas que ingresen a la empresa; Establecer cuál es el nivel de pérdidas y ajustar con base en él el PLAN DE SEGURIDAD FISICA.

Administración de la Seguridad

La función de seguridad debe estar basada en la aplicación de técnicas administrativas, tales como: Planeamiento real y anticipado Administración de personal Desarrollo profesional Elaboración de presupuestos Administración por objetivos Organización general

Empleo de barreras físicas

f) Sistemas de SeguridadEquipo

Personal Procedimientos

La Fuerza de Seguridad

Es el rubro más costoso del programa Determinación del número de puestos necesariosNombramiento de supervisors

Prevención de pérdidas Determinación de frecuencias y lugares de pérdida Puntos y procedimientos críticos

Objetos

Ajuste de procedimientos de controlControl de inventarios

Auditorías

InvestigacionesProcedimientos

Denuncias ante las autoridades públicasEducación en seguridad

Todo el personal de la empresa y sus familiares debe recibir periódicamente boletines que contengan temas sobre aspectos de seguridad, enlos cuales se les haga ver que ellos son una extensión de la seguridad de la empresay que ésta necesita de sus ojos, oídos y boca, con el fin de ampliar su sistema derecolección de información y con el fin de prestar un mejor servicio de seguridad así como por la necesidad de que cada funcionario se de una autoprotección. Estos documentos junto con recortes informativos de la prensa deben colocarse.

BIBLIOGRAFÍA

95

SOSA G. Rafael . Manual Avanzado del Vigilante . Editorial Security Works

SOSA G. Rafael. Manual Básico del Supervisor . Editorial

Security WorksSOSA G. Rafael. Manual de

Antiterrorismo . Editorial Security Works

VALLEJO R.Silvio. Manual de Seguridad Privada. Editorial

ALAS. Bogotá 1990.https://concepto.de/toma-de-

decisiones/Proceso tomade decisiones

ACERCA DEL AUTOR

RAFAEL DARIO SOSA GONZALEZ

Oficial de la reserva activa del Ejercito Nacional. De COLOMBIA.

Después de su retiro ha desempeñado los siguientes cargos: director de Seguridad en Servicios (INDUSTRIAS ARETAMA Ltda.). Jefe de Seguridad (COLTANQUES Ltda.). Director Operaciones (MEGASEGURIDAD LA PROVEEDORA Ltda.) Gerente (Propietario) ESCUELA NACIONAL DE VIGILANTES Y ESCOLTAS (ESNAVI LTDA.), Coordinador Proyecto Seguridad Aeronáutica (COSERVICREA Ltda.), Coordinador de Seguridad Proyecto Aeronáutica (COLVISEG Ltda.).

En el área de la docencia: se ha desempeñado como Docente en el Instituto de seguridad Latinoamericana (INSELA Ltda.) Docente de la Escuela Colombiana de Seguridad (ECOSEP Ltda.) Como Consultor Seguridad, Asesoró en Seguridad en Empresas como: ADRIH LTDA, POLLO FIESTA Ltda., SEGURIDAD ATLAS Y TRANSPORTE DE VALORES ATLAS Ltda., SEGURIDAD SOVIP Ltda.

Entre los estudios realizados: Diplomado en Administración de La Seguridad (UNIVERSIDAD MILITAR NVA GRANADA), Diplomado en Seguridad Empresarial (UNIVERSIDAD SAN MARTIN-ACORE):Diplomado Sociología para la Paz, Derechos Humanos, negociación y Resolución de Conflictos (CIDE-CRUZ ROJA COLOMBIANA-ACORE) Diplomado en Gestión de la Seguridad (FESC-ESNAVI Ltda.) ,Programa maestro en Seguridad y Salud Ocupacional(CONSEJO COLOMBIANO DE SEGURIDAD), Liderazgo Estratégico en Dirección , Gerencia

Estratégica en Servicio al Cliente(SENA) , Curso Seguridad Empresarial (ESCUELA DE INTELIGENCIA Y CONTRAINTELIGENCIA BG. CHARRY SOLANO), curso de Seguridad Electrónica básico (A1A), Curso Analista de Poligrafía (Pfisiólogo Poligrafista) Poligrafía Basic Voice Store Análisis (DIOGENES COMPANY), entre otros.

Adicionalmente se encuentra desarrollando Programa de entrenamiento para COACHES en INTERNACIONAL COACHING GROUP (ICG) Y DIPLOMADO PARA COACHING CRISTIANO (METODO CC).

Propietario de la Empresa Security Works www.sewogroup.com. Empresa al servicio de la seguridad y vigilancia privada en Latinoamérica. Actualmente se desempeña como director general SECURITY WORK S.A.S.

AUTOR: 20 Libros Colección de Seguridad entre otros Vigilancia Básico, Avanzada. Escolta Básico, Manual de Manejo Defensivo, Manual de Medios Tecnológicos, Manual Prevención Secuestro, Manual del Supervisor. Impresos con la Casa Editorial Security Works de Venta en todos los Países de Habla Hispana.

LOS TITULOS DE LA COLECCIÓN SEGURIDAD PRIVADA

La colección Seguridad dirigida a profesionales de Latinoamérica, Europa, Israel, etc.

PUBLICADOS

01. Manual Para la Vigilancia Privada Básico.
02. Manual Para la Vigilancia Privada Avanzado.
03. Manual Básico del Supervisor de la Vigilancia.
04. Manual Básico del Escolta Privado.
05. Manual Avanzado del Escolta Privado
06. Manual Seguridad Medios Tecnológicos
07. Manual de Manejo Defensivo.
08. Manual de Vigilancia y Contra vigilancia.
09. Manual de Antiterrorismo.
10. Manual de Seguridad Aeronáutica.
11. Manual de Seguridad sin Recursos.
12. Manual de Seguridad Canina.
13. Manual de Seguridad residencial.
14. Manual de Autoprotección Secuestro
15. Manual de Seguridad Hotelera
16. Manual de Seguridad Hospitalaria
17. Manual de Seguridad Comercial
18. Manual de Seguridad Bancaria
19. Manual de Seguridad Empresarial
20. Manual del Directivo de Seguridad

Visite:

www.sewogroup.com

Representantes y
Distribuidores
http:/amazon.co
m

Colección Seguridad Privada
Securityworks
Protección Integral